主编 苏爱根

XUE JINENG YING WEILAI

学技能 赢未来
学生入学教程

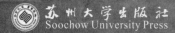
苏州大学出版社
Soochow University Press

图书在版编目(CIP)数据

学技能 赢未来:学生入学教程/苏爱根主编. —苏州:苏州大学出版社,2022.7
 ISBN 978-7-5672-3921-0

Ⅰ.①学… Ⅱ.①苏… Ⅲ.①扬州技师学院-入学教育-教材 Ⅳ.①G718.3

中国版本图书馆 CIP 数据核字(2022)第 113090 号

Xue Jineng Ying Weilai—Xuesheng Ruxue Jiaocheng

书　　名	：学技能　赢未来——学生入学教程
主　　编	：苏爱根
责任编辑	：沈　琴
装帧设计	：吴　钰
出版发行	：苏州大学出版社(Soochow University Press)
出 版 人	：盛惠良
社　　址	：苏州市十梓街 1 号　邮编：215006
印　　装	：丹阳兴华印务有限公司
网　　址	：www.sudapress.com
邮　　箱	：sdcbs@suda.edu.cn
邮购热线	：0512-67480030
开　　本	：787 mm×1 092 mm　1/16　印张：9　字数：197 千
版　　次	：2022 年 7 月第 1 版
印　　次	：2022 年 7 月第 1 次印刷
书　　号	：ISBN 978-7-5672-3921-0
定　　价	：29.00 元

凡购本社图书发现印装错误，请与本社联系调换。
服务热线:0512-67481020

本书编委会

主　任　苏爱根　耿春霞
副主任　刘建伟　陈康林　王思源
　　　　林　峻　沈　舒
主　编　苏爱根
副主编　宗　枢　蒋华芳　沈　舒
参　编　张文菁　何剑波　王新文　高增光
　　　　夏冬青　陈东林　彭　云　孙　成
　　　　杜育兵　刘志峰　孙　盛　吴　辰
　　　　谈秉忠　何静宇　周小祥　肖莉莉
　　　　刘　月　徐征杨　刘兴元

目 录
CONTENTS

模块一　入学指导 ……………………………………………………………… 1

　　任务一　学校概况 ……………………………………………………… 1
　　任务二　二级学院设置 ………………………………………………… 4

模块二　入学教育 ……………………………………………………………… 6

　　任务一　国防教育（军训）……………………………………………… 6
　　任务二　安全教育 ……………………………………………………… 28
　　任务三　行为规范教育 ………………………………………………… 46
　　任务四　心理调适 ……………………………………………………… 51
　　任务五　英模教育 ……………………………………………………… 61

模块三　沸腾校园 ……………………………………………………………… 70

　　任务一　共青团伴你成长（德育）……………………………………… 70
　　任务二　手脑联盟（智育）……………………………………………… 85
　　任务三　品牌特色活动（体育、美育）………………………………… 95
　　任务四　学生值周活动（劳育）………………………………………… 105

模块四　技能成才 ……………………………………………………………… 111

　　任务一　技能腾飞 ……………………………………………………… 111
　　任务二　校友风采榜 …………………………………………………… 119

模块一　入学指导

任务一　学校概况

◆ 活动一：我们的学校

江苏省扬州技师学院创办于 1959 年，是公办全日制技工院校。2008 年被江苏省政府批准为省属重点技师学院，2009 年经江苏省教育厅批准，成立江苏省联合职业技术学院扬州技师分院。学院占地总面积 350 亩（约 233 333.3 平方米）、建筑面积 23 万平方米，位于国务院首批公布的中国 24 座历史文化名城之一的扬州市。校园风景秀丽、环境优美，是一所在江苏乃至全国均有影响力的、培养高技能人才的学校。

学院曾先后获得"全国职业教育先进单位""国家重点职业院校""国家高技能人才培养示范基地""国家中职示范校"等荣誉称号，是全国最早引进德国"双元制"职业技能人才培养模式的技工学校，设有德国 IHK 职业资格中国（扬州）培训鉴定中心。2014 年年底，学院被人力资源和社会保障部评为江苏省唯一一所"为国家技能人才培育工作作出突出贡献的单位"。2021 年获批"江苏省高水平技工院校""智能控制品牌特色专业群""一体化教学名师工作室"等三项重点建设项目。

学院设智能控制学院、现代制造学院、交通工程学院、信息工程学院、管理工程学院、建筑工程学院、基础教育部、中德学院、继续教育训练中心等教学部门，开展"技师+本科""高技+专科"和五年制高职等多层次的技能教育、学历教育和社会培训，全日制在校生近8 000人。

学院拥有一支高素质的教师队伍，现有教职工400多人，一体化教师达70%以上，有全国技术能手5人、省有突出贡献中青年专家2人，以及江苏工匠、扬州大工匠、市英才培训对象、冠名省级技能大师工作室等18人，是高技能人才培养的摇篮。学院多次承办省级一类技能大赛，是世界技能大赛电子技术项目集训基地，1名教师获得世界技能大赛银奖，有近20名师生先后荣获全国技能大赛金奖或一等奖。

学院办学60多年以来，累计为社会培养了近10万名技能型人才，每年面向企业员工开展培训上万人次。以"好就业、可创业、能升学"为办学特色，为学生职业生涯提供了多种可能，一大批优秀毕业生成为江苏，尤其是扬州各行各业的骨干和生力军，有的在政府机关担任部门领导，有的经自主创业在上市公司担任董事长，更多的是活跃在生产一线的骨干技术人员、劳动模范、先进工作者等。

目前，总投资23亿元的学院新校区将在2022年秋学期启用，它以"美丽校园""智慧校园""文化校园"的亮丽身姿展现在我们面前。中国书法家协会主席孙晓云为学院亲笔题写了气势磅礴的校名。学院将继续秉持"工学一体，德技双优"的校训，大力弘扬劳模精神和工匠精神，以培养适应行业和地方经济社会高质量发展需要的高素质技能人才为己任，彰显"学历+技能"的办学特色，全力推进特色鲜明、国内知名、国际有影响力的高水平技师学院建设。

活动二：学院的"一训三风"

校训：工学一体　德技双优

校风：团结　严谨　务实　创新
教风：崇德　奉献　博学　理实
学风：明理　精技　勤奋　修业

任务二 二级学院设置

（学院概况）

（各专业介绍）

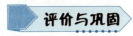

评价与巩固

拟定目标

校训对师生的行为规范有指导意义,它向所有师生指明了努力的方向。校训往往设置在学校最为醒目的地方,使全校师生经常看到它,受其潜移默化的心理脉冲,久而久之,慢慢化为自己的内在价值尺度,并以此来自觉地衡量自己的行为,直至能依据这一价值尺度,及时调整和校正自己的行为。

校训是对学校历史、文化沉淀的提炼,反映了一所学校长久的办学传统、当前的办学目标和未来的发展方向。它能对师生产生巨大的感染作用,并在潜移默化中逐渐内化为学校师生的一种心理因子,赋予他们一种文化精神,引导他们的一言一行,促使他们充分实现自我。

请结合扬州技师学院的校训及新生入学教育安排,为自己第一学期的学习、生活设定一个有一定难度的小目标,并努力实现它。

本学期我的目标是:_____。

模块二　入学教育

任务一　国防教育（军训）

活动一：学生为什么要军训

根据《中华人民共和国兵役法》（中华人民共和国主席令〔2021〕95号）、《中共中央关于教育体制改革的决定》（中发〔1985〕12号）要求，高校学生必须接受军训。这是高等院校改革教育内容，是学生接受国防教育的基本形式，是培养"四有"人才的一项重要措施，是培养和储备我军后备兵员及预备役军官、壮大国防力量的有效手段。学生通过严格的军事训练，可提高政治觉悟，激发爱国热情，发扬革命英雄主义精神，培养艰苦奋斗、刻苦耐劳的坚强毅力和集体主义精神，增强国防观念和组织纪律性，养成良好的学风和生活作风，掌握基本的军事知识和技能。

活动二：学生军训的目的

（一）加强国防教育

国防教育是全民教育的一项重要内容，也是当代学生整个思想政治教育的重要组成部分。历史经验表明，一个国家、一个民族的强弱兴衰与国民国防意识的强弱有着密切的联系。大学生既有较高的科学文化知识，又年轻力壮，他们是国家最有希望的一代，是国防兵员的主要来源。因此，有必要对学生进行军事训练，加强国防教育。

（二）塑造集体主义精神

用学生们的话来说，"军训是集体主义精神的熔炉"。军训中有着最集中、最统一、最紧张、最严格的集体活动。在这些集体活动中，每一个学生都变成了普通一兵，过战士生活，接受组织的指令，接受各级领导的管教，受各种纪律的约束，按各种规章制度办事，受艰苦生活的锤炼。学生生活在这种优良的集体中，相信组织，依靠集体，关心集体，维护集体，克服自身的不良行为和习惯，消除个人主义，塑造集体主义思想。同时，这种精神融入军训后，在学生的日常生活及教育、管理工作中，不断巩固和发展军训的成果，推动良好的校风、系风、班风建设，促进学生继承和发扬集体主义精神。

（三）提升学生素质

学校对学生进行军训是为了培养德、智、体、美、劳全面发展的高素质人才，对培养和发展学生的道德素质、文化素质、身心素质和爱国主义精神有着重要作用。学生通过军训，能做到自制、自爱、自主、自强。学校通过军训，对大学生进行非常严格的礼仪教育，这种礼仪教育让学生懂得做人的道理。

（四）加强学生纪律性

学生通过军训加强了纪律性，能严格要求自己，做到训练有素，遵守纪律。例如，军训时要求学生六点起床，这样可以培养学生早睡早起的习惯；再如，军训对学生的内务要求非常严格，这样可以培养学生良好的卫生习惯，加强卫生意识。

（五）有利于专业学习

军训以其特有的方式对学生的专业学习起到了积极的促进作用。具体体现在以下方面。军训培养了青年学生锻炼身体、增强体质的自觉意识。军训时间虽短，但经过刻苦训练，学生的身体素质发生了很大变化，身体强壮了，精力充沛了，学习效率得到了提高。紧张有序的军训生活节奏，让学生学会了科学利用时间。军训调动了学生的学习积极性。每当被问到军训的最大收获时，许多学生道出了他们的心声：军训使他们获得了攀登书山、搏击学海的勇气和毅力。他们在军训中得到了启迪：明知学海无涯，偏要竞舟苦渡;明知书山险峻,总要奋力攀登。与惊涛搏击,与激流抗争,历尽艰险,矢志不移。

◆◆ 活动三:学生军训的意义

学生军训是全民国防教育的重要组成部分,也是学校开展国防教育、培养高素质人才的重要形式。其重要意义在于:促进学生德、智、体、美、劳全面发展,树立科学的人生观、世界观、价值观,有利于培养社会主义建设事业的"四有"新人;有利于加强国防后备力量建设,对做好未来反侵略战争准备具有战略意义;有利于激发学生爱国卫国意识,对加速综合国力的建设具有深远的意义;有利于增强"国无防不立,无兵不安"的观念,提高全民族的国防意识。

提高执行力有办法

学一招拒绝拖延症，让自己更有执行力。纽约大学心理学教授彼得·格尔维茨（Peter M. Gollwitzer）提出了"执行意图"理论。具体做法是：在制订计划时，先预设一个具体的情况或场景，如我打开电视，那么我就做20个俯卧撑。就好像在你的脑中植入了一个开关，当你吃完晚饭，打开电视，脑中的开关就开启，你就自动进入下一步程序——俯卧撑。不需要纠结是不是先看会儿电视，因为已经预设好了唯一的最高级别的命令，所以消耗的意志力极少。这里有一个简单的公式：即如果出现了情况X，那么我就做出Y的反应。

请根据"执行意图"理论，写下如果出现了情况X，那么就做出Y反应的一件事情：
_____

活动四：军训的具体内容

（一）立正、稍息、跨立

1. 立正

立正是军人的基本站姿，是队列动作的基础。军人在宣誓、接受命令、进见首长和向首长报告、回答首长问话、升降国旗和军旗、奏国歌和军歌等严肃庄重的时机和场合，均应按口令或自行立正。

口令：立正。

动作要领：听到"立正"口令，两脚跟靠拢并齐，两脚尖向外分开约60°；两腿挺直；小腹微收，自然挺胸；上体正直，微向前倾；两肩要平，稍向后张；两臂下垂自然伸直，手指并拢自然微曲，拇指尖贴于食指第二节，中指贴于裤缝；头要正，颈要直，口要闭，下颌微收，两眼向前平视。

2. 稍息

稍息是单个军人队列动作中的一种队列动作或军事指挥口令，命令队伍或个人从立正姿势变为休息姿势。

口令：稍息。

动作要领：左脚顺脚尖方向伸出约全脚的三分之二，两腿自然伸直，上体保持立正姿势，身体重心大部分落于右脚。

3. 跨立

跨立即跨步站立，主要用于军体操、执勤和舰艇上分区队等场合，也可与立正互换，以保持身体的平衡和稳定。跨立动作为各国军人、警察通用，体现着受训者不失严谨整齐的一种雄壮姿势。

口令：跨立。

动作要领：当听到"跨立"口令后，左脚向左跨出约一脚之长，两腿挺直，上体保持立正姿势，身体重心落于两脚之间。两手后背，左手握右手腕，拇指根部与外腰带下沿（内腰带上沿）同高；右手手指并拢自然弯曲，手心向后。

（二）停止间转法

停止间转法是指停止间变换方向的方法，分为向右（左）转、向后转、半面（边）向右（左）转。

1. 向右（左）转

向右（左）转是指队伍相对原来的排向向右（左）转动90°，以改变排向的转动方法。

口令：向右（左）——转。

动作要领：以右（左）脚跟为轴，右（左）脚跟和左（右）脚掌前脚掌同时用力，使身体协调一致向右（左）转90°，身体重心落在右（左）脚上，左（右）脚取捷径靠拢右（左）脚，成立正姿势。转动和靠脚时两腿挺直，上体保持立正姿势。

2. 向后转

向后转是指队伍按照向右转的要领向后转180°，以改变排向的转动方法。

口令：向后——转。

动作要领：按照向右转的要领向后转180°。转动和靠脚时，两腿挺直，上体保持立正姿势。

3. 半面（边）向右（左）转

半面（边）向右（左）转是指相对原来的排向向右（左）转动45°，以改变排向的转动方法。

口令：半面（边）向右（左）——转。

动作要领：以右（左）脚跟为轴，右（左）脚跟和左（右）脚掌前脚掌同时用力，使身体协调一致向右（左）转45°，身体重心落在右（左）脚上，左（右）脚取捷径靠拢右（左）脚，成立正姿势。转动和靠脚时两腿挺直，上体保持立正姿势。

（三）行进、立定

军训行进的基本步法分为齐步、正步和跑步，辅助步法分为便步、踏步和移步。

1. 齐步与立定

（1）齐步

齐步是军人的常用步伐，一般用于队列的整齐行进。

口令：齐步——走。

动作要领：左脚向正前方迈出约75厘米，按照先脚跟后脚掌的顺序着地，同时身体重心前移，右脚照此法动作，上体正直，微向前倾；手指轻轻握拢，拇指贴于食指第二节；两臂前后自然摆动，向前摆臂时，肘部弯曲，小臂自然向里合，手心向内稍向下，拇指根部对正衣扣线（着迷彩服时，约与迷彩服第四衣扣同高），离身体约25厘米；向后摆臂时，手臂自然伸直，手腕前侧距裤缝线约30厘米。行进速度为每分钟116~122步。

(2) 立定

口令：立——定。

动作要领：听到"立——定"口令后，左脚再向前大半步着地（脚尖向外约30°），两腿挺直，右脚取捷径迅速靠拢左脚，成立正姿势。

2. 正步与立定

(1) 正步

正步是队伍行进的一种步法，意在展现军威，但训练费时费力，主要应用于阅兵分列式和其他礼节性场合。

口令：正步——走。

动作要领：左脚向正前方踢出约75厘米（脚要绷直，脚尖下压，脚掌与地面平行，离地面约25厘米），适当用力使全脚掌着地，同时身体重心前移，右脚照此法动作；上体正直，微向前倾；手指轻轻握拢，拇指伸直贴于食指第二节；向前摆臂时，肘部弯曲，小臂略成水平，手心向内稍向下，手腕下沿摆到高于最下方衣扣约10厘米处（着迷彩服时，约与迷彩服第三衣扣同高），离身体约10厘米；向后摆臂时（左手心向右，右手心向左），手腕前侧距裤缝线约30厘米。行进速度为每分钟110～116步。

(2) 立定

口令：立——定。

动作要领：听到"立——定"口令后，左脚再向前大半步着地（脚尖向外约30°），两腿挺直，右脚取捷径迅速靠拢左脚，成立正姿势。

3. 跑步与立定

(1) 跑步

跑步是行进三大步伐中要求较高的行进步法,主要用于快速行进,是队列日常行进中常用步法之一。

口令:跑步——走。

动作要领:听到预令,两手迅速握拳(四指蜷握,拇指贴于食指第一关节和中指第二关节),提到腰际,约与腰带同高,拳心向内,肘部稍向里合。听到动令,上体微前倾,两腿微弯,同时左脚利用右脚掌的蹬力跃出约85厘米,前脚掌先着地,身体重心前移,右脚照此法动作;两臂前后自然摆动,向前摆臂时,大臂略直,肘部贴于腰际,小臂略平,稍向里合,两拳内侧各距衣扣线约5厘米;向后摆臂时,拳贴于腰际。行进速度每分钟170~180步。

(2) 立定

口令:立——定。

动作要领:听到"立——定"的口令,再跑2步,然后左脚向前大半步(两拳收于腰际,停止摆动)着地,右脚迅速靠拢左脚,同时将手放下,成立正姿势。

(四) 步法变换

步法变换均从左脚开始。变换时,动令除齐步、正步互换时落在左脚,其他均落在右脚。

1. 齐步与正步互换

口令：齐步换正步，正步——走；正步换齐步，齐步——走。

动作要领：

① 齐步换正步：听到"正步——走"的口令，右脚继续走1步，即换正步行进。

② 正步换齐步：听到"齐步——走"的口令，右脚继续走1步，即换齐步行进。

2. 齐步与跑步互换

口令：齐步换跑步，跑步——走；跑步换齐步，齐步——走。

动作要领：

① 齐步换跑步：听到预令，两手迅速握拳提到腰际，两臂自然前后摆动，听到动令（落在右脚），左脚向前跃出，即换跑步行进。

② 跑步换齐步：听到"齐步——走"的口令，继续跑2步，然后，换齐步行进。

3. 齐步与踏步互换

口令：齐步换踏步，踏步；踏步换齐步，前进。

动作要领：

① 齐步换踏步：听到"踏步"的口令，即换踏步。

② 踏步换齐步：听到"前进"的口令，继续踏2步，再换齐步行进。

4. 跑步与踏步互换

口令：跑步换踏步，踏步；踏步换跑步，前进。

动作要领：

① 跑步换踏步：听到"踏步"的口令，继续跑2步，然后换踏步。

② 踏步换跑步：听到"前进"的口令，继续踏2步，再换跑步行进。

（五）行进间转法

军训过程中，根据需要对队伍进行调整等，需要在行进过程中进行转向。

1. 行进间向右转走

口令：齐步向右转——走。

动作要领：左脚向前半步，脚尖稍向右，身体向右转90°，同时出右脚，向新方向行进。

2. 行进间向左转走

口令：齐步向左转——走。

动作要领：右脚向前半步，脚尖稍向左，身体向左转90°，同时出左脚，向新方向行进。

3. 行进间向后转走

口令：向后转——走。

动作要领：左脚向前迈出半步，脚尖稍向右，以前脚掌为轴，从右向后转180°，出左脚，向新方向行进，转时两臂自然摆动，不得外张。

（六）踏步、立定、坐下

1. 踏步

口令：踏步——走。

动作要领：听到"踏步——走"的口令，两脚在原地上下起降，抬起时脚尖自然下垂，离地面约15厘米，落下时前脚掌先着地，上体保持正直，两臂按照齐步的要领摆动。

2. 立定

口令：立——定。

动作要领：听到"立——定"的口令，左脚踏1步，右脚靠拢左脚，原地成立正姿势。

3. 坐下

口令：坐下。

动作要领：听到"坐下"的口令，左小腿在右小腿后交叉，迅速坐下，手指自然并拢放在两膝上，上体保持正直。

（七）其他

1. 脱帽、戴帽

（1）脱帽

口令：脱帽。

动作要领：听到"脱帽"的口令，双手捏帽檐或者帽檐两侧，将帽取下，取捷径置于左小臂，帽徽向前，掌心向上，四指扶帽檐前端中央处，小臂略成水平，右手放下，成立正姿势。

（2）戴帽

口令：戴帽。

动作要领：听到"戴帽"的口令，双手捏帽檐前端两侧，取捷径迅速将帽戴正。

2. 蹲下、起立

（1）蹲下

口令：蹲下。

动作要领：听到"蹲下"的口令，右脚后退半步，前脚掌着地，臀部坐在右脚跟上（膝盖不着地），两腿分开约60°（女军人两腿自然并拢），手指自然并拢放在两膝上，上体保持正直。蹲下过久，可以自行换脚。

（2）起立

口令：起立。

动作要领：听到"起立"的口令，全身协力迅速起立，左脚取捷径靠拢右脚，成立正姿势。

3. 敬礼、礼毕

（1）敬礼

口令：敬礼。

动作要领：听到"敬礼"的口令，上体正直，右手取捷径迅速抬起，五指并拢自然伸直，中指微接帽檐右角前约2厘米处（戴无檐帽或者不戴军帽时微接太阳穴，与眉同高），手心向下，微向外张（约20°），手腕不得弯曲，右大臂略平，与两肩略成一线，同时注视受礼者。

（2）礼毕

口令：礼毕。

动作要领：听到"礼毕"的口令，迅速将手放下。

4. 整理着装

口令：整理着装。

动作要领：双手从帽子开始，自上而下，将着装整理好。必要时，也可以相互整理。整理完毕后，自行稍息。听到"停"的口令后，恢复立正姿势。

5. 整齐、报数

（1）整齐

口令：向左（右）——看齐。向前——看。

动作要领：听到"向左（右）——看齐"的口令，基准兵不动，其他士兵向左（右）转头，眼睛看左（右）邻士兵的腮部，前四名士兵能通视基准兵，自第五名起，以能通视到本人往左（右）第三人为度。听到"向前——看"的口令，迅速将头转正，恢复立正姿势。

（2）报数

口令：报数。

动作要领：听到"报数"的口令，横队从右至左（纵队由前向后）以短促洪亮的声音转头（纵队向左转头）报数，最后一名不转头。

（八）军训会操与阅兵

1. 军训会操

会操的字面意思就是会合起来进行操演。军训会操就相当于展示军训成果。在接受了军训以后，将接受军训的学生集合起来，把之前军训所学到的东西，以汇报表演的方式展示给领导和首长看，这样各个方阵之间也可以相互学习、比较。

2. 军训阅兵

阅兵是对武装力量进行检阅的仪式。阅兵通常在国家重大节日、迎送国宾和军队出征、凯旋、校阅、授旗、授奖、大型军事演习时举行，以示庆祝、致敬，展现部队建设成就，并可壮观瞻、振军威、鼓士气。阅兵包括阅兵式和分列式。有时只进行一项。阅兵式是阅兵者从受阅部队队列前通过，进行检阅的仪式。分列式是受阅部队列队从检阅台前通过，接受阅兵者检阅的仪式。早在公元前，中国周朝和古埃及、波斯、罗马等国已有阅兵活动。中华人民共和国成立后，多次举行盛大的阅兵，接受党、国家和部队领导人的检阅。

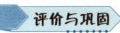

评价与巩固

用矛盾意向法克服困难

有一位德国心理医生治疗过一个口吃非常严重的患者。这名患者对医生说,从自己记事起好像就一直结巴,这个问题已经困扰他很多年。这名患者也不是没有练习过说话,私下里他一直非常刻苦地纠正这个毛病,但是一到当众说话的时候就又说不利索了。机缘巧合,他遇到了一件很有意思的事情。他12岁的时候,有一次搭公共汽车忘记买票,被售货员当场抓住了。售票员就问:"这孩子怎么不买票?"这个时候,他心里就想:"这下我越结巴越好,售票员肯定会可怜我。"但是,神奇的事情发生了,他一开口一点都不结巴了。他越想让自己结巴,就越说得特别利索。这就是矛盾意向法。

生活中,我们都遇到过令自己畏惧的场景。不妨试试上面的方法,在面对压力时,使用矛盾意向法,也就是害怕什么就刻意让自己去做什么,反而会帮助你轻松应对。

你遇到的人生难题是什么?请写下来,勇敢面对它吧。

_____

活动五：整理内务

（一）整理内务的意义

1. 内务的定义

内务是指集体生活宿舍内的日常事务，如整理床铺、按规定放置衣物、搞好清洁卫生等。

2. 整理内务的意义

军训要求出门看队列、进门看内务，可见内务的重要性。学会整理内务既是军训的重要内容，也是学生学习生活的重要内容。

（二）宿舍内务整理标准

1. 地面

① 室内地面（包括床底下）干净，无水渍、污迹、垃圾等。
② 阳台地面干净、无垃圾，卫生工具、鞋摆放整齐。

2. 床铺

① 床上只能放置被子、枕头，不能放置其他任何杂物（包括衣物）。
② 被子放在靠阳台方向，放在床尾的正中间，不靠墙或靠床边，被子的开口方向朝着门。
③ 枕头放在靠门的方向，放在床头的正中间，不靠墙或靠床边。
④ 床单拉平整，包住被褥。

3. 物品摆放

① 将鞋统一放在阳台上，统一靠右边墙放置（不穿的鞋统一带回家或全部收到柜内）。
② 将毛巾、牙缸放在脸盆内，将脸盆统一放在床底下且摆放整齐。
③ 将桌子、凳子统一放在室内窗户的右边。桌上不放置任务物品。柜内物品放整齐。
④ 将行李箱统一放在靠桌子的那面墙边。

⑤ 将水壶统一放在柜子和床之间的狭小空间内。

4. 军训整理内务示范

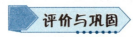
评价与巩固

学会享受练习的过程

仔细回想我们掌握某项技能的经历，你是注重结果，还是重视过程呢？在仔细思考后，你会发现，我们往往很在意结果，而忽视了过程。以结果为导向，使我们在练习技能时，只盯着结果看。又因为急于看到结果，所以在练习的过程中，会着急、不耐烦，甚至出现焦虑情绪。带着这样的心态练习，结果可想而知。

因此，我们要改变以结果为导向的习惯。从现在开始，学着以过程为导向，也就是将过程设为我们的目标。在努力的过程中，用总目标来指引我们前进的方向。具体操作方法可参考《练习的心态：如何培养耐心、专注和自律》一书。书中指出，人生中值得去做的每一件事情，都需要练习。当你的目标是把精力集中在过程之中，并且停留在当前这一刻时，你不会遇到错误，也不用做出判断。你只是在学习和做事情。你在从事活动、观察结果、调整自己的心态，同时也在调整练习时的精力，以产生期望的结果。这时的你没有不好的情绪，因为你没有判断什么事情。作者托马斯·斯特纳（Thomas Sterner）给我们分享了"4S"方法，即简化（Simplify）、细分（Small）、缩短（Short）、放慢（Slow）。

1. 简化

当我们想要习得某项技能或完成某个特定的项目时，将目标进行简化。成功地达到每个简化的目标，将使你产生强大的动力，驱使自己不断前进。

2. 细分

确定了总体目标之后，将目标进行细分。以提升沟通技能为例，我们的计划是先学习一些沟通技能，可以找一些关于沟通的书来看，将这个目标拆分为每天读多少页。接下来，只要关注每个小目标是否实现即可。这样的操作，可以让我们沉浸在读书的过程中，也让我们更容易完成读书目标。

3. 缩短

在练习的过程中，缩短完成目标所需的时间。比如我们计划一周读完一本关于沟通的书。一想到要赶紧读完，就会开始焦虑。现在我们可以改为每天只读半个小时。时间一到，就可以收工。这样做，可以让自己在规定的时间内，尽可能地保持专注，也可以让自己离目标更近一步。

4. 放慢

在练习技能的过程中，学着放慢速度。我们在练习的时候，会为了赶进度而着急，一着急，就会加快速度，加快速度后，更加心急了。尽管如此，练习并没有很快就完成，有时还会因为心急而错误百出。因此，我们可以学着放慢速度，让自己的心静下来，专注于当下在做的事情，慢慢地、一步步地完成，享受练习的过程。这样反而会保证质量，更好地完成目标。

请选择一项你想要掌握的技能，用"4S"法将它写下来，享受练习的过程吧！

_____

任务二　安全教育

◆ 活动一：食品安全教育

食品是我们每天都必需的，食品安全对大家来说无比重要。

（一）购买食品时的注意点

① 到正规商店里购买，不买校园周边、街头巷尾的"三无"食品。
② 购买正规厂家生产的食品，尽量选择信誉度较好的品牌。
③ 仔细查看产品标签。食品标签中必须标注：产品名称、配料表、净含量、厂名、厂址、生产日期、保质期、产品标准号等。不买标签不规范的产品。
④ 不盲目听从食品广告，根据自身情况选择适合自己的食品。

（二）注意保持饮食卫生习惯

① 白开水是最好的饮料，一些饮料含有防腐剂、色素等，经常饮用不利于身体健康。
② 养成良好的卫生习惯，预防肠道寄生虫病的传播。
③ 生吃的蔬菜和水果要洗干净后再吃，以免造成农药中毒。
④ 选择食品时，要注意食品的生产日期和保质期。
⑤ 尽量少吃或不吃剩饭菜，如果吃剩饭菜，一定要彻底加热，防止细菌性食物中毒。
⑥ 不吃无卫生保障的生食食品，如生鱼片等。
⑦ 不吃无卫生保障的街头食品。
⑧ 少吃油炸、烟熏、烧烤的食品，这类食品如制作不当，会产生有毒物质。

（三）预防食物中毒

① 饭前便后要洗手。

② 煮熟后放置 2 小时以上的食品，重新加热到 70℃ 以上再食用。

③ 瓜果洗净并去除外皮后才食用。

④ 不购食来路不明和超过保质期的食品。

⑤ 不购食无卫生许可证和营业执照的小店或路边摊点上的食品（尤其是这些店、摊上没有密封包装的食品）。

⑥ 不吃已确认变质或怀疑可能变质的食品。

⑦ 不吃明知添加了防腐剂或色素而又不能肯定其添加量是否符合食品卫生安全标准的食品。

（四）分清食品保质期和保存期

所谓食品的保质期（食用期、最短适用日期）是指在标签指明的贮存条件下，食品保持品质的期限。食品的保存期（推荐最后食用日期）是指在标签指明的贮存条件下，食品预计的终止食用日期，超过此期限，不宜再食用。

（五）认清十大"垃圾"食品及其危害

① 油炸类食品，主要危害：导致肥胖、消化不良、心血管损害；产生致癌物质，增加患癌的风险；破坏食材的营养成分。

② 腌制类食品，主要危害：增加肝脏和肾脏负担，增加患癌的风险；损害胃肠道黏膜系统；易引发炎症和溃疡。

③ 加工类肉食品（肉干、肉松、香肠等），主要危害：含致癌物质亚硝酸盐；含大量添加剂，加重肝脏负担。

④ 饼干类食品（不含低温烘烤和全麦饼干），主要危害：食用香精和色素过多对肝脏功能造成负担；严重破坏维生素；热量过高，营养成分低。

⑤ 汽水、可乐类饮品，主要危害：喝后有饱胀感，影响吃正餐；含磷酸、碳酸，会带走体内大量的钙；含糖量过高，可导致肥胖，长期摄入会增加糖尿病的患病风险。

⑥ 方便类食品（主要指方便面和膨化食品），主要危害：盐分过高，含防腐剂、香精，损害肝脏和肾脏；易患心血管疾病。

⑦ 罐头类食品（包括鱼肉类和水果类），主要危害：破坏维生素，热量过高，营养

成分低；高糖分增加身体负荷；罐头内壁含双酚，易导致心血管疾病和糖尿病。

⑧ 话梅蜜饯类食品（果脯），主要危害：含致癌物质亚硝酸盐；盐分过高，含防腐剂、香精，损害肝脏和肾脏。

⑨ 冷冻甜品类食品，主要危害：极易引起肥胖；含糖量过高，影响吃正餐；过于寒凉，对人体胃肠道刺激较大。

⑩ 烧烤类食品，主要危害：含大量致癌物质，易诱发癌症；导致蛋白质炭化变性，营养成分被破坏；大量调味品的使用，会刺激消化道，加重肾脏、肝脏的负担。

◆ 活动二：加强身体锻炼

这里介绍中国传统健身方法——八段锦功法。

八段锦功法是一套独立而完整的健身功法，起源于北宋，至今已有八百多年的历史。古人把这套动作比喻为"锦"，意为五颜六色，美而华贵，体现其动作舒展优美。八段锦祛病健身，效果极好；编排精致，动作优美。现代八段锦在内容与名称上均有所改变，此功法分为八段，每段一个动作，故名为"八段锦"，练习时无须器械，不受场地局限，简单易学，节省时间，健身效果极其显著。

1. 预备式

动作解析：

左脚开步，与肩同宽，屈膝下蹲，掌抱腹前，中正安舒，呼吸自然，心神宁静，意守丹田。

2. 第一段：两手托天理三焦

动作解析：

① 双手在腹前交叉，保持掌心向上，然后慢慢移至胸前。接着掌心分别向内、外、上、下翻转，边翻转边向上托起。上托的同时身体立直。

② 稍停片刻，调整呼吸至平稳，再将两个手臂分别伸向两侧，掌心由上向斜外方翻转，两手臂逐渐降下，落在身体两侧。下落的同时屈膝下蹲。

次数：

重复此动作 6 次，注意上托时吸气，下落时呼气。

好处：

三焦是人体的通道，通五脏六腑，这个动作可以祛除雨水天气带来的寒湿浊气，提

升人体阳气，调理五脏六腑。

3. 第二段：左右开弓似射雕

动作解析：

① 两脚开立与肩同宽，左脚向左开步，两腿扎马步。两臂交叉于胸前，掌心向内。

② 就像左右开弓射箭一样，将右掌屈指成"爪"向右拉至右胸前，左掌大拇指和食指呈八字，其余三指屈握，呈八字掌，向前推出。两眼的视线保持在左手指尖上。

③ 重心右移，左脚收回，右手伸指成掌，做画弧动作，然后左右两掌收回腹前，两脚并立。

次数：

左右为 1 次，重复此动作 3 次，左右开弓不光能舒展整个僵硬的肩背，还能使手指的筋骨得到拉伸。

好处：

左右舒展，开胸，疏肝。

4. 第三段：调理脾胃须单举

动作解析：

左手掌根向上举起至头顶左上方，右手的掌根往下压。然后慢慢地将左臂落下到腹前，左右两手轮换。上举时站立，下落时屈膝下蹲。

次数：

左右为 1 次，重复此动作 3 次，上举时，力在掌根，掌心朝上。

好处：

左右升降对拉，可以起到调理脾胃的作用。

5. 第四段：五劳七伤往后瞧

动作解析：

① 由屈膝下蹲起身，两臂伸直，掌心向右，指尖向下，目视前方，抬头挺胸，两肩往后伸。

② 两臂充分外旋，掌心向外；头慢慢地向左转往后瞧，转到不能转动为止，眼看左斜后方。

③ 身体重心缓缓下降，两腿膝关节微屈；双臂内旋按于两

髋旁，掌心向下，指尖向前，目视前方。

次数：

左右为 1 次，重复此动作 3 次。

好处：

所谓五劳七伤，五劳的五是指心、肝、脾、肺、肾，七伤的七是指喜、怒、忧、思、悲、恐、惊。此动作能强化颈部肌肉，改善头颈部血液循环，消除中枢神经疲劳，可以帮助疏通宣泄五脏与七情。

6. 第五段：摇头摆尾去心火

动作解析：

① 两脚分开，与肩同宽，双臂自然下垂，两膝弯曲，呈半蹲的姿势。右脚向右横跨一步站立，两掌上托与胸同高时，两臂内旋，两臂继续上托至头顶，肘关节微屈，掌心向上，指尖相对，目视前方。

② 双膝下蹲成马步，两臂从两侧下落，两掌扶于膝盖上方，虎口向内，目视前方。

③ 身体重心稍向上升，然后向右后方移，上半身先向右倾，随后向右前方俯身；身体重心向左移，上半身由右向左前方旋转。

④ 身体重心右移，头向后摇，上体立起，随之下颌微收，目视前方。

次数：

左右为 1 次，重复此动作 3 次。

好处：

此动作能使头脑清醒，消除交感神经兴奋，去心火，强身、健肾。

7. 第六段：两手攀足固肾腰

动作解析：

① 自然站立，两脚分开，与肩同宽，两臂平举至头顶，掌心向前，目视前方。

② 屈肘，两掌慢慢下落于胸前，指尖相对。两掌顺腋下向后，两掌心向内沿脊柱两侧向下摩运，经臀部、腿两侧至脚面；两腿绷直，以腰为原点，身体向前俯下，双手放在脚背，稍做停顿，调整呼吸。

③ 身体慢慢直起，手臂缓慢带动上身起立，然后两臂伸直上举，掌心向前，目视前方。

次数：

6次。

好处：

强腰健骨、养精固肾。

8. 第七段：攒拳怒目增气力

动作解析：

① 两脚分开，与肩同宽，屈膝下蹲，马步站立，双手攒拳分置腰间，拳心朝上，两眼瞪大。

② 双手握拳，左拳向前缓缓击出，然后张开手掌，外旋攒拳抓回，呈仰拳置于腰间。

③ 右拳出击，重复。

次数：

左右为1次，重复此动作3次。

好处：

疏泄肝气，使肝血充盈。

9. 第八段：背后七颠百病消

动作解析：

① 放松身体，保持站姿，两脚并拢，掌指下伸，脚跟提起，脚趾抓地。动作略停，目视前方。

② 脚跟徐缓下落，轻震地面，即颠足。同时，咬牙、沉肩、舒臂、周身放松，目视前方。

次数：

一起一落为1次，共7次。

好处：

促进脏腑本身的运动，使血脉畅通，排浊留清。

八段锦教程虽然简单，但要想起到功效，就必须得坚持，可每天晨起做10分钟。

活动三：预防新冠肺炎

（一）什么是新型冠状病毒？

新型冠状病毒是指以前从未在人类中发生的冠状病毒新毒株。冠状病毒是一个大型病毒家庭，部分病毒会引起人发病，患者表现为从普通呼吸道症状到重症肺部感染等不同临床症状。病毒形态看上去像帝王的皇冠，因此命名为"冠状病毒"。2019年爆发的新型冠状病毒（2019-nCoV，引发新型冠状病毒肺炎COVID-19）是目前已知的第七种可以感染人的冠状病毒。

（二）新型冠状病毒的传播途径

目前已知的主要传播途径为经呼吸道飞沫和接触传播，在相对封闭的环境中长时间暴露于高浓度气溶胶情况下存在经气溶胶传播的可能，其他传播途径尚待明确。人群普遍易感。

（三）新冠肺炎常见症状

新型冠状病毒肺炎简称"新冠肺炎"，是指2019新型冠状病毒感染导致的肺炎，其常见症状为发热、咳嗽、咽痛、胸闷、呼吸困难、乏力、恶心呕吐、腹泻、肌肉酸痛等。

（四）预防新冠肺炎的措施

1. 正确佩戴口罩

① 在中低风险地区空旷且通风场所不需要佩戴口罩，进入人员密集或密闭公共场所需要佩戴口罩。

② 在疫情高风险地区空旷且通风场所，建议佩戴一次性医用口罩；进入人员密集或密闭公共场所，应佩戴医用外科口罩或颗粒物防护口罩。

③ 有疑似症状到医院就诊时，须佩戴不含呼气阀的医用外科口罩或颗粒物防护口罩。

④ 有呼吸道基础疾病的患者须在医生指导下使用防护口罩。

⑤ 年龄极小的婴幼儿不能戴口罩，易引起窒息。

2. 保持手部卫生

① 用洗手液（或肥皂）在流水下洗手。

② 可选用含醇速干手消毒剂或醇类复配速干手消毒剂揉搓双手。

③ 可直接用75%酒精擦拭双手，若无消毒剂，也可用有效的消毒湿巾擦拭双手。

3. 手机消毒

手机是高频接触的物品，要加强对它的清洁和消毒。每次外出回到家后，可以关闭手机电源，等手机彻底冷却之后，蘸取适量的75%酒精，或者使用消毒湿巾等擦拭手机表面，并做好手部卫生。

4. 咳嗽、打喷嚏时的注意点

咳嗽或打喷嚏时，用手肘衣服或纸巾掩住口鼻。使用后的纸巾应丢到垃圾桶。咳嗽或打喷嚏后，应尽快用流水清洗双手或使用含醇速干手消毒剂对双手进行消毒。如无清洁双手条件，避免用手直接触摸口、鼻、眼等。

5. 学生尤应加强个人防护

① 有疫情高风险地区居住史或旅行史的学生，自离开疫情高风险地区后，根据各地疫情防控工作有关要求，应居家或在指定场所医学观察规定的天数。

② 各地假期中的学生均应尽量居家，返校后尽量不要外出，减少走亲访友、到人员密集的公共场所活动。

③ 每日进行健康监测。

6. 公共场所应防护

① 避免去疾病流行的地区；减少到人员密集的公共场所活动，尤其是空气流动性差的地方，如网吧、KTV等；非必要，不聚集。

② 外出时建议佩戴一次性医用口罩或医用外科口罩。

③ 减少接触公共场所的物品，勤洗手。

④ 注意咳嗽、打喷嚏礼仪。

⑤ 同一公共空间内有多人时，建议佩戴一次性医用口罩，保持1米以上距离。

7. 新冠肺炎流行期间人际交往注意点

① 见面应至少保持1米距离，戴口罩，不建议握手、拥抱等身体接触行为，建议行拱手礼或抬手招呼。

② 注意咳嗽、打喷嚏礼仪。

8. 乘坐电梯时的注意点

① 全程佩戴一次性医用口罩。

② 乘坐电梯时，尽量避免乘坐拥挤的电梯，与同乘者尽量保持距离；如发现其他等候者有咳嗽等可疑症状，建议尽量避免同乘。

③ 遵守咳嗽、打喷嚏礼仪。

④ 避免用手直接触碰电梯按键。

⑤ 离开电梯后，做好手部清洁。

9. 私家车的防护

① 空旷场所做好通风换气，车内配备口罩、消毒湿巾或免洗手消毒剂等个人防护用品，做好手部卫生。

② 搭载可疑症状者时，可疑症状者应佩戴医用外科口罩或无呼气阀的颗粒物防护口罩，同车人员应佩戴医用外科口罩，并保持开窗通风。下车后，继续维持车内通风，并用消毒剂或消毒湿巾对其接触物品表面擦拭消毒。

③ 搭载新冠肺炎患者后，应联系当地卫生部门及时做好私家车的消毒后，才能再次使用。

10. 乘坐公共交通工具注意点

① 全程佩戴一次性医用口罩。

② 可佩戴手套，待抵达目的地后脱掉手套、清洗双手。尽量少接触公共设施，也可随身携带速干洗手消毒剂、消毒湿巾进行手部清洁。

③ 注意咳嗽、打喷嚏礼仪。

11. 火车站、机场安检注意点

出入火车站、机场时应全程佩戴口罩，安检时短暂取下口罩。取下口罩时，建议与他人保持一定距离（1米以上），避免与他人正面相对。面部识别结束后立即戴上口罩，尽快通过安检通道。

12. 居家消毒

家中如无疑似病例或密切接触者，则做到以下几点：

① 日常居家常通风、勤洗手、做好清洁，保持环境卫生。

② 外出回家先洗手，出门穿的衣服、鞋可以放在门口，不用特殊消毒。

③ 室内环境日常以清洁为主；有身体健康状况不明的客人来访后，及时对室内相关物体表面进行消毒，可选择有效的消毒剂或消毒湿巾擦拭消毒。

④ 餐（饮）具清除食物残渣后，可煮沸消毒15分钟。

家里如有密切接触者，尽量使用单独卫生间；否则可每天用含氯消毒液（如84消液）清洁厕所，并用消毒液擦拭高频接触的部位，如马桶按钮、马桶圈垫、马桶内部和厕所门把手等。

13. 保持良好的心态

疫情期间，在危急情况下，人会感到悲伤、紧张、不安、困惑、害怕或暴躁，这些都是正常的。与信任的人聊一聊会有帮助。多与家人和朋友交流。

此外，疫情期间也是信息暴发的时期。获取真实信息，收集有助于准确判定风险的信息，参考可以信任的消息来源，以采取合理的预防措施，避免不必要的恐慌和焦虑。

活动四：防止校园欺凌

（一）校园欺凌的表现形式

校园欺凌主要有以下表现形式。

① 给受欺凌者起侮辱性绰号，指责受欺凌者无用，对其污言秽语、喝骂。
② 对受欺凌者进行人身攻击，如对其拳打脚踢、掌掴拍打、推撞绊倒、拉扯头发等。
③ 损坏受欺凌者的个人财物。
④ 传播关于受欺凌者的消极谣言。
⑤ 恐吓受欺凌者，威迫受欺凌者做不想做的事，迫使受欺凌者听从命令。
⑥ 让受欺凌者遭遇麻烦，或令受欺凌者招致处分。
⑦ 中伤、讥讽、贬抑评论受欺凌者的体貌、性取向、宗教、种族、收入水平、国籍、家人或其他。
⑧ 分派系结党，孤立、排挤受欺凌者。
⑨ 敲诈、勒索受欺凌者的金钱或物品。
⑩ 画侮辱受欺凌者的画。

（二）校园欺凌的危害

校园欺凌通常会使受欺凌的学生受到身体上和心灵上的双重创伤，并且容易让他们留下阴影，长期难以平复，也使部分受欺凌者发生恶逆变化，由受欺凌者转变为欺凌者或者欺凌者的帮凶。同时，目睹欺凌现象的旁观者也往往会因为帮不到受欺凌者而感到内疚、不安，甚至惶恐，或明哲守身以自保，或不自觉地加入欺凌行列。同时，对于欺凌者而言，危害也显而易见：道德滑坡、人格扭曲，甚至走上犯罪道路。校园欺凌已经严重影响到学校的整体纪律和风气。

1. 严重影响学生的正常学习

经常受到校园欺凌侵害的学生整日生活在暴力的阴影当中，学习成绩一般都下降严重。有些学生由于受到严重伤害不得不住院治疗或者休学，正常的学习被迫中断。如果是老师实施的暴力侵害行为，一般都会导致受到伤害的学生畏惧学校，不愿意再去上学。

2. 影响学生身心健康发展，导致不健全人格的形成

这种危害不仅体现在受欺凌者身上，欺凌者的身心同样不能得到健康发展。对受欺凌者，有可能导致其缺乏信心和勇气，自卑，逃避人群，孤僻，偏激；对欺凌者，有可能导致其行为违反社会人格，走上犯罪道路。

（三）校园欺凌需要承担的法律责任

校园欺凌是需要承担法律责任的，校园欺凌者要承担的法律责任主要包括刑事责任和民事责任两大类。

1. 刑事责任

校园欺凌可能违反《中华人民共和国刑法》或者违反《中华人民共和国治安管理处罚法》。因此，成年的校园欺凌者是有责任承担后果的。

《中华人民共和国刑法》第二百三十四条规定，故意伤害他人身体的，处三年以下有期徒刑、拘役或者管制。犯前款罪，致人重伤的，处三年以上十年以下有期徒刑；致人死亡或者以特别残忍手段致人重伤造成严重残疾的，处十年以上有期徒刑、无期徒刑或者死刑。

《中华人民共和国刑法》第二百三十八条规定，非法拘禁他人或者以其他方法非法剥夺他人人身自由的，处三年以下有期徒刑、拘役、管制或者剥夺政治权利。具有殴打、侮辱情节的，从重处罚。犯前款罪，致人重伤的，处三年以上十年以下有期徒刑；致人死亡的，处十年以上有期徒刑。

根据《中华人民共和国治安管理处罚法》第二条规定，扰乱公共秩序，妨害公共安全，侵犯人身权利、财产权利，妨害社会管理，具有社会危害性，依照《中华人民共和国刑法》的规定构成犯罪的，依法追究刑事责任；尚不够刑事处罚的，由公安机关依照本法给予治安管理处罚。

根据《中华人民共和国治安管理处罚法》第十二条规定，已满十四周岁不满十八周

岁的人违反治安管理的，从轻或者减轻处罚；不满十四周岁的人违反治安管理的，不予处罚，但是应当责令其监护人严加管教。

2. 民事责任

因故意或过失侵害他人的人身权和财产权，依法应负损害赔偿责任。由侵权行为引发的损害赔偿称为民事责任。民事责任旨在保护受害人的人身财产不受不法侵害。

根据《中华人民共和国民法典》（简称《民法典》，自2021年1月1日起实施）和《最高人民法院关于确定民事侵权精神损害赔偿责任若干问题的解释》的有关规定，民事主体的人格权受法律保护，任何组织或个人不得侵害。当民事主体的人格权遭受不法侵害时，可以请求行为人承担民事责任。民事主体的人格权是民事主体的生命权、身体权、健康权、姓名权、名称权、肖像权、名誉权、荣誉权、隐私权等权利。自然人还享有基于人身自由、人格尊严产生的其他人格权益。侵害自然人人身权益造成严重精神损害的，被侵权人有权请求精神损害赔偿。

（四）学生遇到校园欺凌时的正确应对方法

首先，了解什么是校园欺凌。校园欺凌的行为主要有五种：打、毁、骂、吓、传。"打"指打架、斗殴；"毁"指损害受害者的书本、衣物等个人财产；"骂"指辱骂、中伤、讥讽、贬抑受害者；"吓"指恐吓、威胁、逼迫受害者做其不愿意做的事；"传"指传播谣言，进行人身攻击。只要遇到这五种情况中的任意一种，都要立刻告诉老师。据调查，语言欺凌是校园欺凌中占比最多的一类，约占23.3%。所以，当你发现同学有对你进行辱骂等不友善的语言行为时，就要留心了。

其次，不要怕，勇敢地说"不"。要相信邪不压正，相信大多数的同学与老师，以及社会上一切正义的力量都是自己的坚强后盾，会坚定地站在自己的一边，千万不要轻易向恶势力低头。有很多学生，因为怕报复，不敢告诉老师或家长，从而导致校园欺凌在很长一段时间内都没被发现。所以，遇到校园欺凌，先保证自己的人身安全，不要激怒对方，同时大声地提醒对方，他们的所作所为是违法违纪的行为，会受到法律的严厉制裁，会为此付出应有的代价。如果有机会，要向路过的老师、同学求助，或迅速找到电话准备报警。如果没有，要在欺凌者离开后，及时向老师、警察报案，不要给不法分子留下好欺负的印象，如果一味纵容他们，最终只会导致自己频频受害，陷入可怕的梦魇之中。这里需要注意，校园欺凌发生后，可以第一时间告诉老师，这是因为校园欺凌需要收集证据，而老师在学校里是最容易收集证据的。在第一时间告诉老师，老师是最能保护你、安慰你的人。

最后，如有需要，还可以拨打电话，寻求专业人员的帮助。"12355"青少年服务台是共青团中央设立的青少年心理咨询和法律援助热线电话。若心里不舒服或出现厌世情绪，可以和朋友聊聊天，和老师倾诉，或者找专业人员寻求心理咨询，千万别自己憋在心里。要记住，虽然有人在欺凌，但也有更多人在保护受欺凌者的身心健康，帮助受欺凌者惩罚欺凌者。

活动五：防止网络诈骗

随着网络的飞速发展，网络诈骗犯罪日益严重。有些人因缺乏辨别能力和防范意识，往往易被诈骗分子编织的种种虚假信息所迷惑。要学习一定的防范网络诈骗的基本知识，提高防范网络诈骗的基本能力，遇到实际问题，忌盲目，多思考，千万不要被某些假象所迷惑。

网络诈骗是指以非法占有为目的，利用互联网采用虚构事实或者隐瞒真相的方法，骗取数额较大的公私财物的行为。网络诈骗与一般诈骗的主要区别在于网络诈骗是利用互联网实施的诈骗行为。常见的网络诈骗类型有以下几种。

（一）利用盗号和网络游戏交易进行诈骗

1. 冒充即时通信好友借钱

诈骗分子使用黑客程序破解用户密码，然后冒名顶替向事主的聊天好友借钱，如果对方没有识别，很容易上当。遇到类似情况一定要提高警惕，摸清对方的真实身份。需要特别当心的是一些冒充熟人的网络视频诈骗。诈骗分子通过盗取图像的方式用"视频"与事主聊天，遇上这种情况，最好先与朋友通过打电话等途径取得联系，防止被骗。

2. 利用网络游戏装备及游戏币交易进行诈骗

常见的诈骗方式：一是低价销售游戏装备，诈骗分子利用某款网络游戏，进行游戏币及装备的买卖，在骗取玩家信任后，让玩家通过线下银行汇款的方式，待得到钱款后即食言，不予交易；二是在游戏论坛上发表提供代练的信息，待得到玩家提供的汇款及游戏账号后，代练一两天后连同账号一起侵吞；三是在交易账号时，虽提供了比较详细的资料，但玩家交易结束玩了几天后，账号还是被盗取，造成经济损失。

3. 交友诈骗

诈骗分子利用网站以交友的名义与事主初步建立感情，然后以缺钱等名义让事主为其汇款，最终失去联系。

（二）网络购物诈骗

网络购物诈骗指事主在互联网上因购买商品而发生的诈骗案件。其表现形式有以下六种。

1. 多次汇款

诈骗分子以未收到货款或提出要汇款到一定数目，方能将以前款项退还等各种理由迫使事主多次汇款。

2. 假链接、假网页

诈骗分子为事主提供虚假链接或网页，交易往往显示不成功，让事主多次汇钱。

3. 拒绝安全支付法

诈骗分子以种种理由拒绝使用网站的第三方安全支付工具，比如谎称"我自己的账户最近出现故障，不能用安全支付收款"或"不使用支付宝，因为要收手续费，可以再给你算便宜一些"等手段。

4. 收取订金骗钱法

诈骗分子要求事主先付一定数额的订金或保证金，然后才发货。利用事主急于拿到货物的迫切心理以种种看似合理的理由，诱使事主追加订金。

5. 约见汇款

这常常发生在网上购买二手车、火车票等时。诈骗分子一边约见事主在某地见面验车或给票，一边要求事主的朋友一接到事主电话就马上汇款。利用"来电任意显"等软件，诈骗分子冒充事主给其朋友打电话，让其汇款。

6. 以次充好

用假冒、劣质、低廉的山寨产品冒充名牌商品，事主收货后连呼上当，叫苦不堪。

（三）网上中奖诈骗

网上中奖诈骗是指诈骗分子利用传播软件随意向邮箱用户、网络游戏用户、即时通信用户等发布中奖提示信息，当事主按照指定的电话或网页进行咨询查证时，诈骗分子以中奖缴税等各种理由让事主一次次汇款，直到失去联系，事主才发觉被骗。当我们登录聊天界面或打开邮箱收到来历不明的中奖提示时，不管内容有多么逼真诱人，请千万不能相信，更不要按照所谓的咨询电话或网页进行查证，否则你将一步步陷入骗局之中。

（四）"网络钓鱼"诈骗

"网络钓鱼"诈骗指利用欺骗性的电子邮件和伪造的互联网站进行诈骗活动，获得受骗者财务信息进而窃取资金。作案手法有以下两种。

① 发送电子邮件，以虚假信息引诱用户中圈套。诈骗分子大量发送欺诈性电子邮件，邮件多以中奖、顾问、对账等内容引诱用户在邮件中填入账号和密码等个人信息。

② 诈骗分子通过设立假冒银行网站，当用户输入错误网址后，就会被引入这个假冒网站。一旦用户输入账号、密码，这些信息就有可能被犯罪分子窃取，账户里的存款可能被冒领。此外，诈骗分子通过发送含木马病毒的邮件等方式，把病毒程序植入计算机内，一旦客户用这种"中毒"的计算机登录网上银行，其账号和密码就可能被诈骗分子窃取，造成资金损失。

（五）学生群体有效识别、应对和防范网络诈骗的方法

学习生活中要做到"三不一要"。

不轻信：不轻信来历不明的电话和手机短信，不管不法分子使用什么甜言蜜语、花言巧语，都不要轻易相信，要及时挂掉电话，不回复手机短信，不给不法分子进一步设圈套的机会。

不透露：巩固自己的心理防线，不因贪小利而受不法分子或违法短信的诱惑，无论什么情况，都不向对方透露自己及家人的身份信息、存款、银行卡等情况。如有疑问，可拨打110求助咨询，或向亲戚、朋友、同事核实。

不转账：学习了解银行卡常识，保证自己银行卡内资金安全，不向陌生人汇款、转账。

据公安机关的抽样调查统计，从受害人性别上看，女性占70%以上，因此，女生要格外引起注意。万一上当受骗或听到亲戚、朋友被骗，请立即告诉老师，同时向公安机关报案。可直接拨打110，并提供诈骗分子的账号和联系电话等详细情况，以便公安机关开展侦查破案。

典型网络诈骗案例分享

1. "杀猪盘"诈骗

诈骗分子通过婚恋平台、社交软件等方式寻找潜在受害人,通过聊天发展感情,取得受害人的信任,然后将受害人引入博彩、理财等诈骗平台进行充值,骗取受害人的钱财。

【诈骗案例】

2021年1月,D市的李小姐在玩"陌陌"App时,有一位自称"王某"的陌生男子发来交友信息。经过几天简单的交流,他们互相添加了微信。在接下来的几天里,二人感情迅速升温,很快就确立了恋爱关系。接着王某给李小姐推荐了一款博彩押注的软件,并告诉李小姐其姐夫是负责维护网站的,现在这个软件有漏洞可以挣钱,切记不要声张。李小姐抱着试试的心态投了2 000元,很快就盈利到2 263元并提现到账。在王某的怂恿下,李小姐又连续投入18笔,但这次想要提现的时候,却发现App已经打不开了,而王某此时已消失不见,李小姐这才反应过来,最终被骗70余万元。

【反诈提示】

网络交友务必提高警惕,不要被对方的花言巧语所迷惑,不要轻易透露个人隐私,不要轻易相信网友所说的"稳赚不赔""低成本、高回报"之类的投资赚钱的谎言,拒绝金钱诱惑。

2. 虚假征信诈骗

诈骗分子冒充知名借贷平台客服人员,用专业术语如"影响个人征信""注销贷款账户""消除贷款记录"等,引起受害人内心恐慌后,引导受害人下载多个App贷款平台,按贷款额度取现后转账到指定账号,实施诈骗。

【诈骗案例】

2021年1月,Q市的小杨接到一个电话,对方自称是支付宝客服,要帮小杨注销"校园贷"记录,做结清证明。正在做实验的小杨直接挂断了电话。过了不久,对方又打了过来,并说出小杨的许多个人信息。小杨将信将疑,称自己从未办理过贷款,但对方说可能是小杨朋友或者学校的人帮忙办理的。由于对方所说的信息非常准确,并说只要按其说的操作,系统就会进行统一升级,小杨的贷款记录就会注销,个人征信也不会受影响。于是，小杨在对方的指导下，开启腾讯会议并共享屏幕，向多个网贷平台申请贷款，并将贷款分别转到了 4 个陌生账户里。事后小杨才醒悟过来，经向支付宝官方客服联系，才知自己并没有"校园贷"记录，此时小杨已损失近 4 万元。

【反诈提示】

个人征信无法人为更改或消除，不存在注销网贷账户的操作，只要按时还清贷款，个人征信就不会受影响。

3. 冒充公检法及政府机关诈骗

诈骗分子非法获取公民个人信息，冒充公检法办案人员主动拨打受害人电话，准确说出受害人姓名、身份证号等信息，以获取受害人的信任，谎称受害人涉嫌贩毒、洗钱等案件，并伪造警官证、通缉令，要求受害人将钱转至"安全账户"，实施诈骗。

【诈骗案例】

2021 年 1 月，T 市的小天接到一个自称是"通信管理局"的电话，对方称小天的手机号涉嫌诈骗，之后转接到了"武汉市公安局"。"吴警官"对小天说："诈骗团伙已落网，你名下的 1 个手机号和银行卡涉嫌诈骗，需要你配合调查，否则就要把你名下的资金全部冻结并逮捕你。"此时小天吓坏了，赶忙按照对方指令下载了一款名为"quick-support"的木马软件，并将自己名下的贷款额度全部提现。当自己银行卡内的 37.3 万元被转走后，小天还对对方的身份深信不疑，一直等"安全账户"返还自己的资金，直到给家人讲述之后，才恍然大悟。

【反诈提示】

公检法不会通过电话做笔录办案，也绝不会在互联网上发送各种法律文书，更不会让群众向所谓的"安全账户"转账。

4. 虚假购物、服务诈骗

诈骗分子通过网络、短信、电话等渠道发布商品广告信息，或谎称可以提供正常的生活型服务、技能型服务及非法的各种虚假服务等信息，通常以优惠、低价等方式为诱饵，诱导受害人与其联系，待受害人付款后，就将受害人拉黑或者失联；或以加缴关税、缴纳定金、交易税、手续费等为由，诱骗受害人转账汇款，从而实施诈骗。

【诈骗案例】

C 市的王某喜欢抱着手机刷快手，2020 年她被主播裘某直播间内发布的抽奖信息吸引，便添加了裘某的微信。裘某的朋友圈里经常有各类购物送抽奖活动，声称中奖率百分之百。看到丰厚的奖品，王某便花 1 100 元购买了化妆品，并抽中了平板电脑。但王某迟迟未收到奖品，联系裘某也未得到答复，王某这才意识到被骗。

【反诈提示】

在网络购物中发现商品价格远低于市场价格时,一定要提高警惕,谨慎购买,不要将钱款直接转给对方。一旦发现被骗,应及时报警。

任务三　行为规范教育

◆ 活动一：热爱祖国　遵纪守法

热爱祖国、遵纪守法牢记心中。
① 热爱祖国，热爱人民，热爱中国共产党，自觉维护国家荣誉。
② 尊敬国旗、国徽，会唱国歌；升降国旗、奏唱国歌时肃立、脱帽、行注目礼。
③ 遵守宪法和法律，维护国家尊严和利益，维护社会安定，勇于同不良行为做斗争，不做有损国格、人格的事。
④ 遵守校规、校纪，服从教师管理，保持良好的教学秩序。

◆ 活动二：勤奋学习　苦练技能

勤奋学习、苦练技能落到实处。
① 热爱科学，努力学习，勤思好问，乐于探究。
② 明确学习目的，端正学习态度，坚持德、智、体、美、劳全面发展。
③ 勤学苦练基本功，努力掌握基础理论知识和专业操作技能。
④ 按时上学，不迟到、不早退、不逃学；生病、有事要请假；放学后按时回家；参加活动要守时，不能参加要事先请假。
⑤ 课前要准备好学习用品；上课要专心听讲，积极思考，大胆提问，回答问题声音要清楚，不随意打断他人发言；课间活动要有秩序；要做到独立考试、不作弊。
⑥ 课前要预习，课后要认真复习，作业要按时完成、书写工整。

◆ 活动三：尊敬师长　团结同学

尊敬师长、团结同学成为习惯。

① 尊敬父母，主动关心父母身体健康，为家庭做力所能及的事；听从父母和长辈的教导，外出或回到家要主动打招呼；经常向父母汇报生活、学习、思想情况。

② 尊敬师长，见面行礼，主动问好，接受教师的教导，经常与教师交流，虚心接受教诲和指导。

③ 尊老爱幼，平等待人；尊重他人的人格、宗教信仰和民族习惯；同学之间应团结友爱、友好相处、诚实守信、互相关心帮助；不欺负弱小，不讥笑、戏弄他人。

④ 热爱学校、班集体，能够主动维护集体荣誉；积极参加集体活动，认真完成集体交给的任务，不做有损集体荣誉的事；集体成员之间相互尊重，学会合作；积极参加学校组织的各种劳动和社会实践活动，多观察，勤动手。

活动四：热爱劳动　文明生产

热爱劳动、文明生产化作行动。

① 尊重科学，热爱所学专业，遵守职业道德，端正劳动态度。

② 遵守劳动纪律，严守操作规程；注重劳动安全，坚持文明生产；积极开动脑筋，克服困难，努力完成生产实习任务。

③ 在工学交替和顶岗实习学习阶段，虚心向企业师傅学习；爱护企业设备、工具，节约能源和原材料，注重企业经济效益。

活动五：遵守公德　勤俭节约

遵守公德、勤俭节约指导生活。

① 举止文明，态度和蔼，谈吐文雅，礼貌待人；会用礼貌用语，不骂人、不打架；到他人房间先敲门，经允许后再进入；不随意翻动别人的物品，不打扰别人的工作、学习和休息。

② 诚实守信，不说谎话，知错就改；不随意拿别人的东西，借东西要及时归还；答应别人的事努力做到，做不到时要表示歉意。

③ 虚心学习别人的长处和优点，不嫉妒别人；遇到挫折和失败不灰心、不气馁，遇到困难要努力克服。

④ 爱护公物，不在课桌椅、建筑物和文物古迹上涂抹刻画；损坏公物要主动赔偿、

拾到东西要主动归还失主或交公。

⑤ 遵守交通法规，过马路走人行横道，不乱穿马路，不在公路、铁路等危险场所玩耍和追逐打闹。

⑥ 遵守公共秩序，在公共场所不拥挤，不喧哗，要做到礼让他人；乘坐公共汽车、火车等交通工具要主动购票，主动给老幼病残孕让座；不做法律禁止的事。

⑦ 见义勇为，对违反社会公德的行为要进行劝阻，发现违法犯罪行为及时报告。

⑧ 爱惜粮食和学习、生活用品；节约水电，不比吃穿，不乱花钱；远离"校园贷""套路贷"等，不过度追求物质享受。

◆ 活动六：自尊自爱　仪表端庄

自尊自爱、仪表端庄从我做起。

① 珍爱生命，注意安全；要做到防火、防溺水、防触电、防盗、防中毒，不做有危险的事情。

② 自己能做的事自己做，衣物用品要摆放整齐，学会收拾房间、洗衣服、洗餐具等家务劳动。

③ 要阅读、观看健康有益的图书、报纸、音像、视频和网络信息；收听、收看内容健康的广播电视节目。

④ 不早恋、不吸烟、不喝酒、不赌博，远离毒品，不参加封建迷信活动，不进入酒吧、棋牌室等学生不宜的场所；敢于同社会不良现象做斗争，遇到坏人坏事主动报告。

⑤ 坚持锻炼身体，认真做广播体操和眼保健操，坐、立、行、读书、写字姿势正确；积极参加各类有益的文体活动。

⑥ 讲究文明礼貌，穿着要整洁、朴素、大方，不得穿背心、短裤、拖鞋或赤膊进入校园公共场所；要勤洗澡，勤剪指甲，早晚要刷牙，饭前便后要洗手。

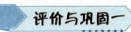 评价与巩固一

签写《遵守扬州技师学院规章制度承诺书》

心理学上有一句话：不建立规则，等同于暴力。有明确的规则，我们就应该遵守，没有明确的规则我们也应该按照常理来遵守一贯的做法。因为规则的形成必有其内在原因和其合理性。但仅有规则意识是不够的，更重要的是要有遵守规则的愿望和习惯。再进一层，遵守规则要成为人的内在需要。在这种境界中，遵循规则已成为人的第二天性，外在规则成为人的内在素质。从规范向素质的转变，对于个人来说，意味着规则不再仅仅是一种外在强制，从而在某种意义上使人获得了真正的自由。按孔子的话来说，这就是"从心所欲不逾矩"。希望大家都能对自己高标准严要求，请在下面的承诺书中写下自己的名字。

遵守扬州技师学院规章制度承诺书

我作为扬州技师学院的一名学生，为维护学院正常的教学秩序，促进学院的高质量发展，愿就遵守学院的各项规章制度，达成以下共识，并做出相应的承诺：

本人自成为扬州技师学院学生以来，已经阅读江苏省扬州技师学院学生相关的规章制度，对学院目前执行的规章制度有了明确的认识。

本人愿意遵守并执行学院的各项规章制度。

承诺人：

年　　月　　日

评价与巩固二

"成长型思维"助成长

人的思维有两种：固定型思维与成长型思维。当遇到需要努力的场景时，持有固定型思维的人会认为，努力是不够聪明的表现，因为聪明的人不需要努力就可以把事情做好。持有成长型思维的人会更多地关注提升和成长，他们认为，任何事物、任何境遇都是可以让人变得更好的机会。如果同样面对的现状是离成为优秀学生、优秀班干还有很大的距离，固定型思维的人会认为，"算了吧，我还是不要幻想自己能够被评为市级、甚至省级优秀学生了"，从而不做出任何改变。成长型思维的人则会认为："虽然我现在离优秀的目标还有一定的距离，但是这又怎样呢？我只要向着这个目标制订合理的进步计划就好了，撸起袖子加油干吧。"

成长型思维能够影响我们生活的方方面面，小到一道题目、一句言语，大到人生选择和个人成就。总体而言，在固定型思维者的眼里，世界充满了一个个评判能力和自我价值的考试，他们的潜力会被外界评价牢牢地束缚；而在成长型思维者的眼里，世界则充满了一个个发展自己的机会，因此，他们会更多地放眼未来，追求内心的目标。二者的人生最终会因为思维模式的不同而产生极大的差异。

请对照以下两种思维模式的不同表现（表2-1），积极地向成长型思维靠拢吧。

表2-1 两种思维模式对比

不同的情况	固定型思维	成长型思维
定义	智力是固定不变的	智力是可以提高的
遇到挑战时	避免挑战	迎接挑战
遇到阻碍时	自我保护或轻易放弃	面对挫折，坚持不懈
对努力的看法	认为努力不会有结果或者会带来更坏的结果	认为熟能生巧
对评价的看法	因负面反馈信息而沮丧	从批评中学习
他人的成功	他人的成功给自己造成威胁	从他人的成功中学到新知识，获得灵感
带来的结果	很早就停滞不前，无法取得自己本来有潜力获得的成功	一步步取得成就

任务四　心理调适

◆ 活动一：我很重要

心理学研究表明，自我暗示能支配、影响一个人的行为。这是每个人都拥有的一个看不见的法宝。如果你想改变，可以从积极的自我暗示开始。我们必须学会自我欣赏，内心时不时地告诉自己：我很重要。

我们从小受到的教育都是——我不重要。作为一名普通士兵，与辉煌的胜利相比，我不重要。作为一个单薄的个体，与浑厚的集体相比，我不重要。作为一个奉献型的女性，与整个家庭相比，我不重要。作为随处可见的一分子，与他人的成就相比，我不重要。

但是，我们每个人都应该有勇气这样说，我们的地位可能很卑微，我们的身份可能很渺小，但这丝毫不意味着我们不重要。

愿大家都能拥有更有力量的思维方式，在心中不断告诉自己"我很重要"，即使是当人生目标不能实现的时候，也不必气馁，更不要轻视自己。换个角度来对待自己的角色，你依然是重要的。你永远是父母心目中最重要、最疼爱、最呵护的儿女；你是老师心目中最可爱、最活泼、最贴心的学生；你是朋友们可以信任、可以倾诉的对象。就像一束手电光，或许会给在黑暗中踯躅夜行的人带来狂喜，你的一颦一笑，也会影响着你的朋友和家人，甚至还会给落寞和忧伤的陌生人带来希望。

我们所有的人，都不是这个社会上可有可无的人。在绚丽多彩的世界里，我们每个人都扮演着最重要的角色，有着最适合自己的生活。

◆ 活动二：学会接纳

（一）接纳建议

很多大学生觉得自己长大了，有主见了，可以决定自己的人生了，不想再受家人的管教或安排了。当他们走向社会后,才发现原来父母、朋友、同学的建议是多么的中肯,何必要等到自己去摸索人生,撞得头破血流了,才会明白"不听老人言,吃亏在眼前"呢?让我们接纳别人的建议,少走弯路,少花时间与精力在无用的事情上。

(二)接纳批评

"偏听则暗,兼听则明。"多听取不同的声音,尤其是批评的声音,不避短,敢于将自己最真实的一面展示于人,勇于接受批评,将批评变成一种成长的动力。有的年轻人霸道,觉得自己很牛,只有别人听从自己,没有自己接纳别人,特立独行,我行我素,觉得身边的人都不如自己,尤其不能听取看似不如自己的人的意见。有的同学一听到批评就勃然大怒、拍案而起、急于反驳,激化矛盾,使事情变得更糟。这时候,要学会控制情绪,待情绪稳定后再冷静地分析,接纳合理的批评。"择其善者而从之,其不善者而改之。"对待批评者,我们也要有诚恳的态度,相信绝大多数批评者是善意友好的,甚至是关爱我们的,用善良的内心去接纳。同时,你想指出别人的问题时,也要掌握一些技巧。尽量用别人能接受的方式,在小范围内,在不损害他人尊严的前提下指出不足,帮助别人一起改进,共同进步。

(三)接纳人生中的苦难

人生没有白走的路。无论是吃苦受累的经历,还是不舍不甘的体验,抑或是摔了一跤的痛感,都是人生路上的一小段插曲,没有苦难的锤炼,不可能会有一个更好的未来;没有煎熬的过程,就不可能对人或生活有通透的理解;没有这些基础,也不会有智慧的人生状态。有些痛苦之所以是痛苦,不一定是苦难本身的巨大,可能只是我们没有做好接受苦难的准备。在我们原本的计划中,从来没有设想过这段痛苦的经历,所以它就成了不速之客,成了意料之外的打击。但其实反过来想想,命运其实很公平,只有遭遇过苦难,才能更懂得和珍惜幸福快乐。我们应该接受,我们可能是幸运的那个,受到命运的眷顾;也可能是不幸的那个,遭遇苦难的侵袭。我们要学会换一个角度思考:看到苦难背后的拥有,看到人生不同阶段美好和快乐的事情。

◆ 活动三:提升认识,稳定心态

参加过长跑比赛的同学应该会有这样的体会:明明终点就在前方,但是腿脚像灌了铅一样,迈开的每一步都那么艰难。结果总是跑不到,心态崩了,累倒在终点线前。但是也有人认识透彻，知道长跑本来就是一场持久战，稳定心态，按着自己的节奏跑，终于到达目标。

在生活中，我们有时候会特别在意别人的评价和眼光，很容易受身边很多事情的影响，产生妒忌别人或者讨厌自己的情绪（包括自卑感）。这种心态的波动和不愉快，表面上看是外界带来的，但核心还是自身认知水平的问题。

那么，怎么样通过提升认知能力来稳定我们的心态呢？

（一）用纸把不快乐写下来

当我们遇到一件对自己来说不开心的事情时，由于情绪的作用，我们往往会夸大它们对我们生活的影响，久久徘徊在痛苦的漩涡中不能自拔。此时，我们不妨冷静下来，把这件事对自己的影响写下来。坏的影响写一列，好的影响再写一列，写完后，仔细比较，你会发现那些比千斤还重的压力消失了一些，困难变得可视化，也就没有那么可怕、不可战胜了，你将会更加冷静客观地看待这件事情。同时，在我们把这件看似倒霉的事情写下来的过程中，你通过书写宣泄了内心的不满，像旁观者一样审视发生在自己身上的事情，你的不良情绪得到了释放，你也更有勇气去坦然地面对它。

（二）站高一点，看远一点

人总是习惯和自己身边的人较劲，有的同学盯着班级前几名看，怎么看怎么不顺眼。人一旦产生了和周围人较劲的心理波动，就会缺乏向上的目标，看不到更清晰、更高处的路了。同学是伙伴、是同一战壕的战友，应该互相帮助、共同成长。我们不妨跳脱出自己现有的圈子，向敬佩的长辈学习，向社会上传播正能量的人学习，也可以多读一些经典的书籍提升自己。伴随着认知高度的提升，你就能摆脱很多无用的烦恼。

（三）按自己的意愿过一生

有些人为了让自己看上去优秀，不断地给自己施加难以承受的压力，不爱惜自己的身体，把自己累垮，患上焦虑症，只为获得别人的肯定，内心并不开心，这是认知上出现了偏差。

就像古代很多的隐士，如陶渊明、介子推、刘伶等，他们没有追求功名利禄，但却是真正优秀的人。

我们应尊重自己的内心，按照自己的意愿成为一个优秀的人，要寻求内在灵魂的安宁和豁达，不要太在意社会地位、学历、资产、权势等外在条件，那样会让人迷失自我。

（四）认知世界的丰富多彩

在这个世界上，每个人都是独一无二的。要相信世界的丰富性，认知不是唯一的，看问题的角度也可以多维度。我们要学会换位思考，拓展自己的思维空间。一旦我们把对事物的认识放在更广阔的空间，我们就会发现认识不仅可以多样，而且很有趣。

一个人，如果长期接触同类别的人和事情，没有足够宽的认知，就很容易坐井观天、作茧自缚或钻牛角尖，把自己封闭起来，别人想帮助他也非常困难。所以，人在生活中要拓宽认知范围，要充分地认识到世界上美好的事物、美好的追求的存在。我们可以拿出一小部分时间，去主动看一些原本自己感觉"啃"不下来的内容，可以学习一门课程，可以看一部自己不喜欢的电影，也许可以突破你现有的思维，增加个人的人格魅力，让自己内心丰盈充实。

因此，很多时候阻碍自己幸福的原因不是外界，而是自己认知范围太窄、认知不够全面、认知注意力偏执。想要释放痛苦、拥抱幸福，首先要改变、刷新自己的认知。

◆ 活动四：寻找生命的意义

生命的意义是什么呢？这是一个一直困扰着整个人类的问题，每一种答案都是对这个问题的一种诠释，一种可能的方向，一种个体的生命体验。我们可以通过自己的践行和努力把人生变得有意义。

岳飞顶着秦桧的陷害，精忠报国；玄奘冒着生死危险，西行取经；诸葛亮辅佐蜀国雄起，呕心沥血。中国历史上不少非凡人物，通过社会的实践和精神上的提升，找到了自己活着的意义。人活着的关键在于你如何看待自己，如何赋予自我生命以意义。

我们可以选择活得像一片树叶，经历春、夏、秋、冬，然后落叶归根，化作春泥更护花。我们也可以选择活成一棵树，活着是一道亮丽的风景，死了依旧是栋梁之材。

苏联作家奥斯特洛夫斯基在《钢铁是怎样炼成的》一书中提道：

"人最宝贵的是生命。生命对于每个人只有一次。人的一生应当这样度过：当回首往事的时候，他不会因为虚度年华而悔恨，也不会因为碌碌无为而羞耻；在临死的时候，他就能够说：'我的整个生命和全部的精力，都献给了世界上最壮丽的事业——为人类的解放而斗争'。"

当我们有真正爱好的事情时，生活会自然变得有意义。周国平说，这爱好完全是出于他的真性情，而不是为了某种外在的利益，如金钱、名声之类。他喜欢做这件事情，只是因为他觉得事情本身非常美好，他被事情的美好所吸引。这就好像一个园丁，他仅仅因为喜欢而开辟了一块自己的园地，他在其中培育了许多美丽的花木，为它们倾注了自己的心血。当他在自己的园地上耕作时，他心里非常踏实。无论他走到哪里，他也都会牵挂着那些花木，如同母亲牵挂着自己的孩子。这样一个人，他一定会活得很充实的。相反，一个人如果没有自己的园地，不管他当多大的官，做多大的买卖，他本质上始终是空虚的。这样的人一旦丢了官，破了产，他的空虚就暴露无遗，会惶惶然不可终日，发现自己在世界上无事可做，也没有人需要他，成了一个多余的人。

如果我们把生活的意义放在外界，你可能会陷入一种不可抗的焦虑状态，那是一种得到前渴望、得到后无聊的感觉，你会没有心思去留意窗外美丽的风景，因为你的内心被世俗的标准所禁锢，活在逼仄、狭隘的空间里郁郁寡欢。相反，假如你把生活的意义放在你的内心，那是一种可控的状态，也是你幸福生活的源泉。那时的你，不会在意外界的眼光，而是朝着内心的灯塔缓慢而坚定地向前走，无论结局如何。你会拥有"闲看庭前花开花落，漫随天外云卷云舒"的心境，努力过好人生的每一天、每一分、每一秒，至于结果就交给时间。

越是在艰难的时刻，越要坚持梦想，这也是人生的意义。人生是一条高低起伏的曲线，其间有峰值，也有谷底，我们不必在峰值时洋洋得意，更不必在谷底时一蹶不振、自暴自弃。而且，越是在艰难的时刻，我们越要不轻言放弃，越要坚持内心的梦想，人生的意义就在于此。

所以，值得过的一生，是发自内心的追求，是一段美好的旅程。在路途中，我们一定会经历狂风暴雨，遭遇荆棘巨石，可是只要我们有一颗勇敢、坚强的心，相信我们必定能攻坚克难，去看到人生曼妙的风景，去体悟生命的真谛，去感悟人生的意义。

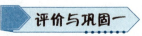 评价与巩固一

心灵成长类书籍推荐

1. 《当下的力量》

[德] 埃克哈特·托利著，曹植译，中信出版社，2013年出版。

《当下的力量》堪称心灵读物经典，作者埃克哈特·托利在书中说，其实我们一直都处在大脑或思维的控制之下，生活在对时间的永恒焦虑中。我们忘不掉过去，更担心未来。但实际上，我们只能活在当下，活在此时此刻，所有的一切都是在当下发生的，而过去和未来只是一个无意义的时间概念。通过向当下的臣服，你才能找到真正的力量，找到获得平和与宁静的入口。在那里，我们能找到真正的欢乐，拥抱真正的自我。

2. 《你值得过更好的生活》

[美] 罗伯特·沙因费尔德著，胡尧译，中国青年出版社，2015年出版。

整个宇宙都是你创造的游乐场，游戏的名字叫作"找出你是谁"。真正的你是全知全能的，你有无限的丰盛、无限的创意和无限的力量。听起来太玄乎了？当你跟随本书的引领，你会发现这是真的，并且切实可行。不管你怎么看待金钱、健康、财富和丰盛，《你值得过更好的生活》都将为你开启一个入口，通往全新的金钱关系和不一样的人生旅程。

3. 《牧羊少年奇幻之旅》

[巴西] 保罗·柯艾略著，丁文林译，北京十月文艺出版社，2017年出版。

世界掌握在那些有勇气凭借自己的才能去实现自己梦想的人手中。牧羊少年圣地亚哥接连两次做了同一个梦，梦见埃及金字塔附近藏有一批宝藏。少年卖掉羊群，历尽千辛万苦一路向南，跨海来到非洲，穿越"死亡之海"撒哈拉大沙漠……其间奇遇不断，在一位炼金术士的指引下，他终于到达金字塔前，悟出了宝藏的真正所在……

4. 《宽恕就是爱》

[美] 保罗·费里尼著，周玲莹译，印刷工业出版社，2011年出版。

一本温馨、感人、浅显、易懂的散文集。作者通过娓娓道来的充满哲思的话，帮助我们将恐惧转化成为爱，这些宽恕的行为并不依靠脑力的分析，我们只需要记住书中的招数就可以了——只要这样做，就能获得内心的平静。

5. 《改变，从心开始——学会情绪平衡的方法》

[荷] 罗伊·马丁纳著，胡因梦译，云南人民出版社，2007年出版。

幸福快乐是一种选择，情绪平衡是一种能力。罗伊·马丁纳博士的情绪平衡技巧是管理情绪最快见效的方法之一。持续练习情绪平衡技巧，将使你学会以不压抑的方式，辨识、认知、接纳并协调你的情绪，成为情绪的主人。你的生活将变得更轻松平顺，开始吸引不同类型的人，并创造新的人生情境。

6. 《遇见未知的自己》

张德芬著，湖南文艺出版社，2013 年出版。

一部影响了数千万人的心灵成长小说，销量过百万。本书借由我们每天都可能遭遇到的种种事情，帮助我们看到主宰自己人生的模式是如何形成的，又如何在操控我们的身心，并以故事的形式来分享张德芬多年的心灵成长感悟，帮助我们解除现有的人生模式，帮助我们从思想、情绪和身体的桎梏中解脱出来，从而活出自己想要的人生，找回原本真实、快乐的自己！

7. "周国平少年哲学智慧书" 系列

周国平著，湖南少年儿童出版社，2019 年出版。

针对困扰孩子成长、影响其未来人生的五大方面：认识自己、面对自己、管理自己、激励自己、尊重生命，以真实的经历、质朴的语言、独特的角度、深刻的见解，引导少年思考，帮助孩子解读成长路上的种种迷茫，从容面对成长和人生。

8. 《爱的艺术》

［美］艾·弗罗姆著，李健鸣译，商务印书馆，1987 年出版。

《爱的艺术》并非一本教人学会如何爱的情爱圣典，而是关于指导人生意义的心灵哲学类书籍。"如果不努力发展自己的全部人格并以此达到一种创造倾向性，那么每种爱的试图都会失败；如果没有爱他人的能力，如果不能真正谦恭地、勇敢地、真诚地和有纪律地爱他人，那么人们在自己的爱情生活中也永远得不到满足。"

9. 《向宇宙下订单》

［德］贝波儿·摩尔著，林燕君译，中央广播电视大学出版社，2010 年出版。

这本书读起来很轻松，也很好玩。就像作者在序里说的一样，她做什么事，都希望简单、好玩，每一份力都有用处。大概是只要识字的人，不管男女老少，应该都可以清清楚楚地了解她的理念，并且实践她的方式，向宇宙下订单。许愿不花钱不费力，只要你虔诚的心。试试看！人生一定会有大转弯！

10. 《再活一次，用写作来调心》

［美］纳塔莉·戈德堡著，韩良忆译，南方出版社，2007 年出版。

纳塔莉·戈德堡用自己所创造的写作方法，实践了她自己的"禅修"，用她熟悉且热爱的写作找到了一个驯服自己与释放心灵的方法。任何人拿起纸和笔，依循着她的指示，都可以领会和体验其书中的字句。这本书，会是你孤独写作、自我陪伴的私房老师。一个对写作与生活感到无力、挫败的人，也可以运用书中的方法和建议，用写作来修行，帮助自己洞察生活，使自己心神清澄。

评价与巩固二

对照所学内容，填写学生心理健康状况评价表（表2-2）。

表2-2　学生心理健康状况评价表

填表人		班级		班主任	
性别		年龄		宿舍号	

评估标准：① 得10分，② 得8分，③ 得6分，④ 得4分，⑤ 得2分
总分低于60分表明心理状态差，60～74分表明心理状态良好，75～85分表明心理状态正常，85分以上表明心理状态健康。

心理健康评估	选项	得分	备注
1. 日常生活中，您感觉心理焦虑吗？	① 没有，② 轻度，③ 中度，④ 偏重，⑤ 严重		
2. 您感觉心理抑郁吗？	① 没有，② 轻度，③ 中度，④ 偏重，⑤ 严重		
3. 您感觉生活孤独吗？	① 没有，② 轻度，③ 中度，④ 偏重，⑤ 严重		
4. 您认为您的生活幸福吗？	① 非常幸福，② 比较幸福，③ 有点幸福，④ 一般，⑤ 不幸福		
5. 您觉得您的心理健康状况如何？	① 很好，② 较好，③ 一般，④ 较差，⑤ 很差		
6. 您与家庭成员的关系如何？	① 很好，② 较好，③ 一般，④ 不是很好，⑤ 很不好		
7. 您与同学、朋友的关系怎么样？	① 很好，② 较好，③ 一般，④ 不是很好，⑤ 很不好		
8. 您喜欢参加校园活动吗？	① 很喜欢，② 喜欢，③ 一般，④ 不是很喜欢，⑤ 很不喜欢		
9. 您对目前的学习、生活状况满意吗？	① 很满意，② 满意，③ 一般，④ 不是很满意，⑤ 很不满意		
10. 您有没有经常担心自己会得病？	① 不担心，② 比较担心，③ 有点担心，④ 一般，⑤ 非常担心		

总分：

评价结果：

续表

对被评价人意见或建议:						
评价时间		评价部门		评分人		
			签名:		年 月 日	

任务五　英模教育

活动一：广大青年怎样发挥先锋力量

习近平总书记在庆祝中国共产党成立 100 周年大会的重要讲话，是历史性的宣言，并对未来提出了历史性的思考。习近平总书记指出，中国青年已成为实现中华民族伟大复兴的先锋力量，这是对广大青年的高度肯定和激励。在新的历史征程上，广大青年怎样当好先锋力量？回顾百年党的历史发展过程，总结百年青年运动的历史经验，广大青年要在党的领导下，做到以下几点：

一是牢记责任、不忘使命。李大钊曾说，铁肩担道义，妙手著文章。铁肩担道义是什么？就是责任感。当年的青年正是怀着对社会的责任感，对中华民族的责任感，才选择了用马克思主义救中国的道路。当代青年一定要有这样的责任感。一个没有责任感的人，在人生成长道路上必定是迷茫的。对整个青年群体来说，更要牢记责任，不忘使命。

二是勇于探索、明辨方向。青年的特点就是善于学习、善于思考。在党的百年历史中，青年一直是勇于探索的先锋群体。正是因为当年的青年进行了艰苦探索，才选择了以马克思主义为指导的道路。后来一代又一代青年也勇于探索，才不断明辨方向，发挥了先锋的作用，才发挥了探路尖兵的作用。从党和国家来说，面向未来，我们还会遇到大大小小不同的选择，根本上是道路的选择。无论是过去还是未来的探索，一个重要的前提和要求是明辨方向，选择正确的道路，坚定不移地朝着正确的方向前进。

三是认清国情、立足实际。在诸多思潮中，当时的青年选择共产主义作为中国共产党的奋斗目标，这符合中国的实际。建党之后，如何进一步认清中国的国情仍然是一个大问题。按照共产党宣言，当时党的一大纲领注重于社会主义与资本主义的矛盾、无产阶级与资产阶级的矛盾。但是后来发现，中国当时的主要矛盾实际上是帝国主义与中华民族的矛盾、人民大众与封建主义的矛盾。因此，中国新民主主义革命的任务应该是反帝反封建，而不是马上反资本主义。认清国情、立足实际，对于青年运动来说，对于党来说，都是必须首先要注意的问题。

四是增长本领、矢志奋斗。青年首先要通过学校阶段的学习，掌握应有的本领，为未来的发展奠定基础。认真学习，增长本领，这是基础性的要求。同时，我们还要引导青年勇于奋斗、敢于奋斗，能够为党和国家的事业，为人民的事业，为民族的事业做出更大的贡献。所以，每一位青年同志都要在自己的岗位上实实在在地做事。志当存高远，还要愿意做小事，要通过干好小事来逐步增长干好大事的本领。

五是拓展眼界、紧跟时代。历史告诉我们，封闭僵化是不能前进的，脱离世界文明的大道就会落后。我们坚持立足于中国的大地，但不能把眼光仅仅限定在中国。当年，清王朝之所以不能抵抗外来侵略，其中一个最主要的原因是封闭僵化。马克思、恩格斯将中国失败的一个重要原因归结为，清王朝已经落后于世界文明的发展。这启示我们，一定要实时关注时代发展潮流。邓小平说，我们改革的目的就是要跟上时代。与时代共振，拓展眼界，这也是我们广大青年，乃至青年运动要注意的一个方面。

[李忠杰. 在党的指引下发挥青年先锋力量. 中国青年报, 2021-08-02 (02).]

◆ 活动二：英模事迹

从1921年中国共产党成立至今，经历百年风雨，全体中共党员怀着坚定的理想信念，不畏艰险，砥砺前行。百年来，中国共产党涌现无数优秀党员，肩负民族之理想使命，留下彪炳史册的光辉事迹。

让我们向首批29位"七一勋章"获得者致敬！一起来学习他们的先进事迹。

1. 马毛姐：运送三批解放军成功登岸的"渡江英雄"

马毛姐，安徽无为人，1935年9月生，1954年6月入党。解放战争时期支前英模的杰出代表，闻名全国的"渡江英雄"。渡江战役中，年仅14岁的她参加"渡江突击队"，在手臂中弹的情况下依然咬牙坚持，不畏枪林弹雨6次横渡长江，运送3批解放军成功登岸。毛主席亲切接见她，并题词"毛姐：好好学习、天天向上"。参加工作后她从不以功臣自居，在平凡的岗位上默默为党工作；离休后义务做革命传统教育报告300多场次。荣获"一等渡江功臣""支前模范"称号。

2. 王书茂：为国护海寸步不让，带领群众共同致富

王书茂，海南琼海人，1956年12月生，1996年6月入党。他先后参加多项国家重大涉海工作，参与南沙岛礁建设，培养南海维权民间力量。在南海维权斗争中冲锋在前，不怕牺牲、寸步不让，坚决捍卫我国领海主权和海洋权益。此外，他还带领群众造大船、

闯深海，发展休闲渔业、建起海洋民宿，实现共同致富。荣获"全国劳动模范""改革先锋"等称号，是第十三届全国人大代表。

3. **王占山**：战功赫赫百战老兵，倾心传播红色革命基因

王占山，河北丰南人，1929年12月生，1948年8月入党。他是战功赫赫的百战老兵，先后参加辽沈、平津、衡宝、两广、抗美援朝、中越边境自卫还击作战，出生入死、英勇杀敌，4次受到毛主席亲切接见。在抗美援朝金城战役中，带领战友坚守阵地4天4夜，打退敌人38次进攻，歼敌400余人。离休后，仍然情系国防事业，倾心传播红色革命基因。荣获志愿军"二级战斗英雄"称号，被朝鲜授予"一级国旗勋章"。

4. **王兰花**：坚持志愿服务十余载，群众心中的"活雷锋"

王兰花，回族，宁夏吴忠人，1950年6月生，1995年11月入党。她把解决社区居民的操心事、烦心事、揪心事作为毕生事业，十多年如一日坚持志愿服务；她带领"王兰花热心小组"先后为居民解决各类困难7 000多件，调解各类民事纠纷600多起，开展公益活动7 000多场次，推动宁夏吴忠市利通区志愿者从最初7人发展到6.5万余人。她是群众心中的"活雷锋"。荣获"全国三八红旗手标兵""全国民族团结进步模范个人"等称号。

5. **艾爱国**："做工人要做到最好"，我国焊接领域"领军人"

艾爱国，湖南攸县人，1950年3月生，1985年6月入党。他是工匠精神的杰出代表，秉持"做事情要做到极致、做工人要做到最好"的信念，在焊工岗位奉献50多年，集丰厚的理论素养和操作技能于一身，多次参与我国重大项目焊接技术攻关，攻克数百个焊接技术难关。作为我国焊接领域"领军人"，倾心传艺，在全国培养焊接技术人才600多名。荣获"全国劳动模范""全国十大杰出工人"等称号。

6. **石光银**：治沙与致富相结合，荒漠中营造百里绿色长城

石光银，陕西定边人，1952年2月生，1973年7月入党。他是治沙造林事业的模范代表，与荒沙碱滩不屈抗争40多年，在毛乌素沙漠南缘营造一条长百余里的绿色长城，彻底改变"沙进人退"的恶劣环境；他还将治沙与致富相结合，创造"公司+农户+基地"的新模式，帮助沙区群众脱贫致富。荣获"全国劳动模范""全国治沙英雄"等称号。

7. **吕其明**：用音乐歌颂党和祖国，知名作品广为传唱

吕其明，安徽无为人，1930年5月生，1945年9月入党。他是新中国培养的第一批交响乐作曲家，著名电影音乐作曲家，一生坚持歌颂党、歌颂祖国、歌颂劳动人民。先

后为《铁道游击队》《焦裕禄》《雷雨》等200多部（集）影视剧作曲，创作《红旗颂》《使命》等10余部大中型交响乐作品、300多首歌曲，《弹起我心爱的土琵琶》等歌曲广为传唱。荣获"全国离退休干部先进个人"等称号和"中国音乐金钟奖终身成就奖"。

8. 廷·巴特尔：扎根牧区50年，探索绿色经济发展新路径

廷·巴特尔，蒙古族，内蒙古呼和浩特人，1955年6月生，1976年11月入党。他是扎根牧区、苦干实干的楷模，凭着"让牧民过上好日子"的信念，扎根牧区近50年，探索出保护生态、发展经济、促进增收的新路子，使当地牧民生产生活发生翻天覆地的变化。荣获"全国优秀共产党员""全国劳动模范""全国民族团结进步模范个人""改革先锋"等称号。

9. 刘贵今：为中非外交事业倾情奉献一生

刘贵今，山东郓城人，1945年8月生，1971年8月入党。他将一生奉献给外交工作，在对非洲的外交岗位上坚守、耕耘了近40年，长期在非洲国家常驻，年逾七旬仍为深化中非合作发挥余热，是首位中国政府非洲事务特别代表。积极推动建立中非合作论坛机制，在传承中非友谊、深化中非合作中担当作为、倾情奉献，坚定捍卫我国在非洲的利益和国际形象，为促进中非关系发展做出突出贡献。

10. 孙景坤：公而忘私，永葆革命本色的战斗功臣

孙景坤，辽宁庄河人，1924年10月生，1949年1月入党。他是永葆革命本色的战斗功臣，先后参加了四平、辽沈、平津、解放长沙、解放海南岛、抗美援朝等战役战争，荣立一等功一次、二等功多次。作为英雄报告团成员，受到毛主席等党和国家领导人亲切接见。退役后他毅然回乡带领群众改变家乡面貌，是共产党员吃苦在前、公而忘私崇高品质的典范。荣获"抗美援朝一级战士荣誉勋章"。

11. 买买提江·吾买尔：强基固本建家园，民族团结一家亲

买买提江·吾买尔，维吾尔族，新疆伊宁人，1952年12月生，1973年7月入党。他是旗帜鲜明同"三股势力"做坚决斗争的先进模范，他坚持强基固本，大抓支部建设和党员队伍建设，在他担任新疆伊宁县温亚尔乡布力开村党支部书记30多年中，村里未发生一起暴恐事件。他深入开展"民族团结一家亲"和民族团结联谊活动，开办国语幼儿园，推广国家通用语言文字，为推动民族团结进步做出突出贡献。荣获"全国优秀共产党员""全国劳动模范"等称号。

12. 李宏塔：共产党人革命传统、优良家风的传承人

李宏塔，河北乐亭人，1949年5月生，1978年4月入党。他是党员领导干部忠诚干

净担当的典范，在民政系统工作 18 年间，他视孤寡老人为父母、视孤残儿童为子女、视民政对象为亲人，每年至少一半时间在基层度过。作为共产党人革命传统、优良家风的传承人，他始终艰苦朴素、清正廉洁、以严治家，秉持了"革命传统代代传，坚持宗旨为人民"的不变信念。

13. 吴天一：医者仁心照昆仑，守望生命为高原

吴天一，塔吉克族，新疆伊犁人，1934 年 11 月生，1982 年 5 月入党。他投身高原医学研究 50 余年，提出高原病防治救治国际标准，开创"藏族适应生理学"研究，诊疗救治藏族群众上万名。青藏铁路建设期间，主持制定一系列高原病防治措施和急救方案，创造了铁路建设工人无一例因高原病致死的奇迹，被称为"生命的保护神"。荣获"国家科技进步奖特等奖"。

14. 辛育龄：新中国胸外科事业的开拓者和奠基人

辛育龄，河北高阳人，1921 年 2 月生，1939 年 7 月入党。他是新中国胸外科事业的开拓者和奠基人。战争时期，他曾与白求恩并肩战斗，多次冲上前线救治伤员。和平年代，他长期致力于我国胸外科创建和发展，是中国人体肺移植手术第一人，在胸外科领域多个方面取得"从 0 到 1"的突破，为我国卫生健康事业创新发展做出卓越贡献。荣获"全国劳动模范""全国先进工作者"等称号。

15. 张桂梅：点亮贫困山区女孩梦想的"校长妈妈"

张桂梅，满族，辽宁岫岩人，1957 年 6 月生，1998 年 4 月入党。她扎根贫困地区 40 余年，创办全国第一所全免费女子高中，帮助 1 800 多名贫困山区女孩圆梦大学，是为教育事业奉献一切的"张妈妈"。她探索形成"党建统领教学、革命传统立校、红色文化育人"特色教学模式，用红色基因树人铸魂。她拖着病体忘我工作，持续 12 年家访超过 1 600 户，行程 11 万余千米。荣获"全国脱贫攻坚楷模""全国优秀共产党员""全国先进工作者"等称号。

16. 陆元九：我国自动化科学技术的开拓者之一

陆元九，安徽来安人，1920 年 1 月生，1982 年 12 月入党。他是我国自动化科学技术开拓者之一。作为早期出国留学的博士，新中国成立初期，陆元九突破重重阻力毅然回到祖国怀抱，潜心研究，矢志奉献。首次提出"回收卫星"概念，创造性运用自动控制观点和方法对陀螺及惯性导航原理进行论述，为"两弹一星"工程及航天重大工程建设做出卓越贡献。荣获"航天奖"。

17. 陈红军：用鲜血和生命捍卫祖国领土主权

陈红军，甘肃两当人，1987年3月生，2009年4月入党，2020年6月牺牲。他是新时代革命军人的杰出代表，坚守高原边防10年，带领官兵完成各种急难险重任务。2020年6月15日，奉命带队前往一线紧急支援，在同外军战斗中，英勇作战、誓死不屈，为捍卫祖国领土主权、维护国家核心利益壮烈牺牲。被追授"卫国戍边英雄"荣誉称号。

18. 林丹：扎根社区40余年，把工作做到群众心坎上

林丹，福建福州人，1948年12月生，1985年8月入党。她是社区工作者的杰出代表，扎根社区40余年，始终为民爱民，当好党的"传声筒"、群众的"服务员"，脚踏实地做好社区每一项工作。她以党建为引领，创新社区治理模式，推行"一趟不用跑、最多跑一趟"服务，设立居民恳谈日、居家养老服务中心等，把党的工作做到群众心坎上，被群众亲切地称为"小巷总理"。荣获"全国优秀共产党员""全国三八红旗手标兵"等称号。

19. 卓嘎：再苦再累也要守好祖国每一寸土地

卓嘎，藏族，西藏隆子人，1961年9月生，1996年7月入党。她是爱国守边精神的传承者，秉持"家是玉麦、国是中国"的坚定信念，数十年如一日以抵边放牧、巡逻的方式守护数千平方千米的国土，国旗挂遍走过的每一条路，践行了"再苦再累也要守好祖国的每一寸土地"的承诺。她还积极宣讲党的恩情，引导群众听党话、感党恩、跟党走。荣获"全国三八红旗手标兵""时代楷模"等称号。

20. 周永开：一心向党，赤诚为民的"草鞋书记"

周永开，四川巴中人，1928年3月生，1945年8月入党。新中国成立前，他冒着生命危险在川北地区开展党的地下工作。新中国成立后，他全心全意为百姓造福，恪尽职守推动地方发展、脱贫攻坚、改善民生和生态建设，是群众心中的"草鞋书记"。离休后他带领群众植树造林，在当地建成国家级自然保护区。他一生追随党、赤诚为人民，荣获"全国优秀共产党员""全国离退休干部先进个人"等称号。

21. 柴云振：硝烟战场无畏生死，解甲归田默默耕耘

柴云振，四川岳池人，1926年11月生，1949年12月入党，2018年12月去世。作为《谁是最可爱的人》一文中的原型之一，他先后参加解放战争、抗美援朝战争。1951年，在抗美援朝朴达峰阻击战中，杀敌百余人，浴血奋战到孤身一人。1952年，他伤残复员回乡务农，却从未提起自己的功绩，默默耕耘在工作岗位上。在战场上，他无畏生死，一心保家卫国；脱下军装，他不计名利，是真正的人民英雄！荣获"一级战斗英

雄"称号,被朝鲜授予"一级自由独立勋章"。

22. 郭瑞祥:战斗英雄,矢志坚守初心的红军战士

郭瑞祥,河北魏县人,1920年12月生,1937年3月入党。他是矢志坚守初心的红军战士,16岁投身革命,抗日战争时期,先后参加冀南战斗、反扫荡战役、肖渠战斗、曹县东南反顽战役等,作战英勇。解放战争时期,在情况非常危急、部队成分不纯的情况下,及时整顿健全组织、加强党的领导,有效挽救危局。离休后,他生活简朴,始终保持红军的政治本色。荣获"三级独立自由勋章""三级解放勋章""独立功勋荣誉章"。

23. 黄大发:一心为民,埋头苦干的"当代愚公"

黄大发,贵州遵义人,1935年11月生,1959年11月入党。他带领村民历时36年,在悬崖绝壁上开凿出一条主渠长7 200米、支渠长2 200米的"生命渠",用实干兑现"水过不去、拿命来铺"的誓言,为改善山区群众用水条件、实现脱贫致富做出巨大贡献,被誉为"当代愚公",是一心为民、埋头苦干、百折不挠的楷模。荣获"全国劳动模范""时代楷模"等称号。

24. 黄文秀:将青春和生命奉献给脱贫攻坚事业

黄文秀,壮族,广西田阳人,1989年4月生,2011年6月入党,2019年6月去世。黄文秀在研究生毕业后,放弃大城市的工作机会,主动请缨到贫困村任第一书记,把生命奉献给脱贫攻坚事业,谱写了新时代青春之歌。她是脱贫攻坚一线挥洒汗水、忘我奉献的新时代青年党员干部的优秀代表。被追授"全国脱贫攻坚楷模""全国优秀共产党员""时代楷模"等称号。

25. 黄宝妹:勤勤恳恳,平凡岗位干出不平凡业绩

黄宝妹,上海人,1931年12月生,1952年11月入党。她是新中国纺织工人的优秀代表,国家发展的见证者、参与者、奉献者;勤学苦练、大胆创新,在平凡的岗位上干出了不平凡的业绩。为实现"全国人民穿好衣"的梦想,黄宝妹在岗位上勤勤恳恳工作,退休后坚持发光发热,参与多地多个棉纺厂建设,积极服务居民群众,直播宣讲劳模精神、宣讲党的优良传统。两次荣获"全国劳动模范"称号。

26. 崔道植:痕检"神探",60余年刑侦生涯屡立奇功

崔道植,朝鲜族,吉林梅河口人,1934年6月生,1953年12月入党。他是我国第一代刑事技术警察、中国首席枪弹痕迹鉴定专家。60余年刑侦生涯,检验鉴定7 000余件痕迹物证,参与办理1 200余起重特大案件疑难痕迹检验鉴定,无一差错。研发现场痕迹物证图像处理、枪弹痕迹自动识别系统,填补国内多项技术空白。80多岁高龄仍忘

我工作,参与破获久侦未破的系列案件。荣获"全国公安系统一级英雄模范""全国离退休干部先进个人"等称号。

27. 蓝天野:塑造经典形象,传承艺术艺德

蓝天野,河北饶阳人,1927年5月生,1945年9月入党。他将一生奉献给人民文艺事业。青年时代参加革命,从事进步文艺活动。新中国成立后,出演或导演《蜕变》《茶馆》《家》等数十部优秀文艺作品,塑造众多经典人物形象,在北京人民艺术剧院演员、导演的岗位上光荣离休。传承艺术艺德,发掘和培养一大批文艺界领军人才,为中国话剧艺术繁荣发展做出重大贡献。荣获"全国优秀共产党员"称号和"中国戏剧奖·终身成就奖""全国德艺双馨终身成就奖"等。

28. 魏德友:为国巡边50年,边境线上"活界碑"

魏德友,山东沂水人,1940年11月生,1983年6月入党。他和妻子坚守在新疆毗邻边境线的无人区,把家安在边境线上,为国巡边50多年,劝返和制止临界人员千余人次,管控区内未发生一起涉外事件,他的家被称为"不换防的夫妻哨所"。他巡边总里程达20多万千米,相当于绕赤道5圈,被誉为边境线上的"活界碑"。他是兵团精神的典型代表,荣获"全国道德模范""时代楷模"等称号。

29. 瞿独伊:赓续红色基因,满腔热情忠诚为党

瞿独伊,浙江萧山人,1921年11月生,1946年8月入党。她是赓续红色基因的革命先烈后代,1941年被捕入狱,面对敌人威逼利诱,绝不屈服。开国大典上,她用俄语向全世界播出毛主席讲话,作为我国第一批驻外记者,赴莫斯科建立新华社记者站,其间多次担任周总理和中国访苏代表团的翻译。瞿独伊一生淡泊名利,从不向党伸手,从不搞特殊化,始终保持共产党员的精神品格和崇高风范。

围绕"中国青年已成为实现中华民族伟大复兴的'先锋'力量",回顾党的百年历史发展过程,以弘扬时代精神为主题写一篇感悟。体裁不限,题目自拟,篇幅1 000字左右。

模块三 沸腾校园

任务一 共青团伴你成长（德育）

◆ 活动一：社会主义核心价值观学习

党的十八大明确了社会主义核心价值观的内涵，它是技工类院校价值观教育的最高指引，根据当前青少年的思想特点，加强对我院学生的社会主义核心价值观教育迫切而必要，我院通过课堂教学、主题活动、行为规范、树立榜样等一系列符合技工院校学生特点的教育教学活动，行之有效地进行社会主义核心价值观教育。

（一）社会主义核心价值观内容

（二）社会主义核心价值观解读

社会主义核心价值观囊括国家、社会、公民三个层面。

1. 国家层面：富强、民主、文明、和谐

富强、民主、文明、和谐是我国在社会主义初级阶段的奋斗目标，体现了社会主义核心价值观在发展目标上的规定，是立足国家层面提出的要求。在当代中国，实现国家昌盛、人民幸福和民族复兴，符合近代以来中国人民寻求民族复兴的共同愿景，是一个能够凝聚起亿万人民群众智慧和力量的宏伟目标。

2. 社会层面：自由、平等、公正、法治

自由、平等、公正、法治体现了社会主义核心价值观在价值导向上的规定，是立足社会层面提出的要求，反映了社会主义社会的基本属性，始终是我们党和国家奉行的核心价值理念。我们党是马克思主义政党，马克思主义追求的终极目标是人的自由和全面的发展，我们党从成立之初就将其写在自己的旗帜上，并为之做出不懈奋斗，在实践上极大发展了人民的自由和平等，极大发展了社会的公正和法治。

3. 公民层面：爱国、敬业、诚信、友善

爱国、敬业、诚信、友善体现了社会主义核心价值观在道德准则上的规定，是立足公民个人层面提出的要求，体现了社会主义价值追求和公民道德行为的本质属性。

评价与巩固

1. 社会主义核心价值观分哪三个层面，每个层面分别是什么内容？
2. 践行社会主义核心价值观，增强学生志愿服务意识，填写志愿者服务活动记录表（表3-1）。

表3-1 志愿者服务活动记录表

活动时间		活动地点	
活动主题			
参加人员			
活动内容记录			
自我评价			

活动二：深刻理解"两个确立"对中华民族伟大复兴具有决定性意义

党的十九届六中全会通过的《中共中央关于党的百年奋斗重大成就和历史经验的决议》指出："党确立习近平同志党中央的核心、全党的核心地位，确立习近平新时代中国特色社会主义思想的指导地位，反映了全党全军全国各族人民共同心愿，对新时代党和国家事业发展、对推进中华民族伟大复兴历史进程具有决定性意义。"这一重大论断是深刻总结党的百年奋斗，特别是新时代党和国家事业取得历史性成就、发生历史性变革得出的重大结论，阐明了把伟大社会革命和伟大自我革命不断推向前进的重要保证，体现了马克思主义建党学说的思想精髓。我们要深刻把握"两个确立"的决定性意义，不断增强坚决做到"两个维护"的思想自觉、政治自觉、行动自觉。

确立和维护无产阶级政党的领导核心，是马克思主义建党学说的一个基本观点。有没有一个成熟稳定的领导核心，能否确保党中央权威和集中统一领导，关乎党的事业成败，关系党的前途命运。在总结巴黎公社失败教训时，马克思明确指出："巴黎公社遭到灭亡，就是由于缺乏集中和权威。"恩格斯同时指出："没有权威，就不可能有任何的一致行动。"后来，列宁总结俄国十月社会主义革命的经验，深刻指出："造就一批有经验、有极高威望的党的领袖是一件长期的艰难的事情。但是做不到这一点，无产阶级专政、无产阶级意志统一就只能是一句空话。"

从中国共产党的百年历史看也是如此。1935年遵义会议前，我们党没有形成一个成熟的党中央，没有形成全党的团结统一，党和人民的事业在革命早期屡遭挫折，面临失败危险。遵义会议以后，开始形成了以毛泽东同志为核心的第一代领导集体，有了毛泽东同志这个坚强的领导核心，从此中国革命便焕然一新。对于领导核心，毛泽东同志形象地讲道："领导核心只能有一个。一个桃子剖开来有几个核心？只有一个。""实现一元化的领导很重要，要建立领导核心，反对'一国三公'。"邓小平同志也说："任何一个领导集体都要有一个核心，没有核心的领导是靠不住的。"

习近平新时代中国特色社会主义思想立足时代特点，运用马克思主义观察时代、解读时代、了解时代，深刻把握世界历史的脉络和走向，科学回答了新时代坚持和发展什么样的中国特色社会主义、怎样坚持和发展中国特色社会主义，建设什么样的社会主义现代化强国、怎样建设社会主义现代化强国，建设什么样的长期执政的马克思主义政党、怎样建设长期执政的马克思主义政党等重大时代课题。习近平新时代中国特色社会主义思想的系列理论和实践创造，为发展马克思主义做出中国的原创性贡献。

所以说,"两个确立"是历史的选择,时代的选择,人民的选择。正是有了"两个确立",我们党才在百年未有之大变局中和前所未有的大战大考中立于不败之地,占据战略主动,创造了今天的辉煌成就。

实现中华民族伟大复兴,是近代以来中国人民和中华民族最伟大的梦想。党的十八大以来,以习近平同志为核心的党中央以伟大的历史主动精神、巨大的政治勇气、强烈的责任担当,统揽伟大斗争、伟大工程、伟大事业、伟大梦想,推动党和国家事业取得历史性成就。成伟业于当下,紧紧围绕第一个百年奋斗目标,统筹推进"五位一体"总体布局、协调推进"四个全面"战略布局,坚决打好防范化解重大风险、抗击新冠疫情、精准脱贫、污染防治攻坚战,圆满实现中华民族千年小康梦想;辟新局于未来,面对百年未有之大变局,做出"把握新发展阶段、贯彻新发展理念、构建新发展格局"的重大判断和战略抉择,擘画社会主义现代化强国建设的宏伟蓝图,铺展实现第二个百年奋斗目标的壮丽画卷。

"两个确立"既是进行时,也是将来时。我们要紧跟习总书记的步伐,在第二个百年目标征程上夺取新的伟大胜利。"两个确立"既是重大历史结论,也是重大实践要求,我们要自觉落实到具体工作中,统一思想、统一意志、统一行动,奋力走好新的赶考路。我们要把"两个确立"作为学习六中全会精神应该获得的最深刻的政治领悟、政治信念,把"两个维护"作为贯彻六中全会精神应该具有的最坚定的政治立场、政治忠诚,内化于心、外化于行。以咬定青山不放松的执着奋斗实现既定目标,以行百里者半九十的清醒不懈推进中华民族伟大复兴。

活动三:"一月一主题"教育活动

为围绕高校思想政治工作要求,加强和改进思想政治工作,培养中国特色社会主义合格建设者和可靠接班人,进一步加强学院学生日常行为规范教育,培养学生良好的行为习惯,以"担复兴大任 做时代新人"为教育主题,确定学院总体德育月度活动主题(表3-2)。

表3-2 "一月一主题"教育活动

月度	主题	对象	载体	具体措施
一月	新起点 新征程	全体师生	主题文艺演出暨迎新年晚会	1. 组织各二级学院师生,结合主旋律呈现一台10~12个节目的高品质晚会 2. "花儿与少年"同伴教育
二月	崇礼尚德 践行孝心	全体师生	寒假不"寒",居家学子崇礼尚德系列主题教育活动	1. 每位学生为长辈做一道菜、承包一天家务等,并拍照打卡 2. "快乐技师人、健康技师人、奋斗技师人"主题教育活动("新春之音、青春之声"新年师生祈福打卡活动) 3. 新学期仪容仪表、学生行为规范检查;"新学期 新气象"疫情防控健康主题黑板报评比活动
三月	树文明形象 展学子风采	全体师生	"技师志愿者在行动"主题教育活动	1. 各二级学院组织各班级学生开展交通劝导、养老、留守儿童、技能帮扶等方面至少1次的志愿服务,并以"奉献"为主题开展手抄报评比活动 2. 组建公益课堂教师团队,开展公益课堂进校园活动 3. 各二级学院组织学生参加职业生涯规划大赛 4. 植树节活动
四月	弘扬革命 传统书香 溢满校园	全体师生	"感悟红色经典,让阅读成为习惯,让书香溢满校园"系列活动	1. 以班级为单位开展线下读书分享会,以"青春技师"公众号为平台,开展线上"推荐一本好书"活动 2. 组织青年教师、新团员、青年学生代表参观红色教育基地,传承红色基因 3. 革命传统教育活动周(红色电影观影活动、祭扫烈士陵园、革命传统教育主题讲座;现场体验式教学——编草鞋、体验运粮小道、讲述革命英烈故事)

续表

月度	主题	对象	载体	具体措施
五月	迸发青年力量 共筑美好人生	全体师生	"做青春的主人,护青春之心灵"教育主题活动	1. 组织各系青年学生代表参加"专家、劳模谈时代新人"报告会 2. 各二级学院组织至少1次心理健康教育讲座 3. "守初心、担使命、谋出彩,做合格青年学生代表"主题活动（学生代表选拔活动） 4. 学生代表大会 5. "五四"表彰大会
六月	绚丽青春 向党献礼	全体师生	"红船讲党史 革命薪火传"迎"七一"系列活动；"人人学急救、急救为人人"安全教育系列主题活动	1. 团委组织全院新团员举行入团仪式活动 2. 各二级学院至少开展1次党史、1次团史学生主题团课,并开展院级评比 3. 各系组织学生参加应急救护培训,并开展理论及实践比赛 4. 各二级学院至少组织1次暑期安全教育讲座
七月	青春三下乡 点亮青春征程	各系暑期志愿服务队、社团成员	暑期社会实践系列活动	1. 各二级学院成立暑期志愿服务队,针对贫困山区、革命老区、小微企业、社区街道开展各类服务活动 2. 学生创业工坊双创项目暑期训练营
八月	青春,从这里起航!	新生	"'宅'家不寂寞"暑期社团线上打卡活动；新生入学教育活动周	1. 社团根据自身社团特色,通过学院"青春技师"公众号视频教学打卡 2. 新生入学教育、军训 3. 各系组织新生编排文体节目,开展迎新晚会
九月	你好,老师! 你好,校园!	全体师生	开学第一课"师恩如海,见字如晤"系列主题活动	1. 组织学生自己动手制作手工贺卡,打卡"老师,520"活动 2. 扬州传统文化教育周（运河文化、古城文化、园林文化、扬州名片——"世界运河之都""世界美食之都""东亚文化之都"） 3. 学生模拟法庭活动
十月	我和我的祖国!	全体师生	"激扬中国梦,做时代新人"爱国主题活动	1. 在全院范围内开展爱国主义主题演讲比赛（二级学院根据演讲比赛主题选拔学生参加院级比赛） 2. 社团展示周 3. "青马工程"开班式 4. 庆国庆系列活动（手抄报、黑板报、新媒体平台、海报等文创作品征集比赛、歌唱祖国大合唱比赛）

续表

月度	主题	对象	载体	具体措施
十一月	诚信做人 感恩父母	全体师生	"家书寄深情，感恩父母心"感恩教育主题活动；技能技艺节系列活动	1. 各二级学院组织各班级学生为父母、长辈手写一封信 2. 技能技艺节暨校园文化长廊展演活动——校园书法、绘画、摄影、格言、故事征集大赛 3. 校级双创大赛（项目选拔）
十二月	传承红色基因 赓续红色血脉	全体师生	纪念"12·9抗日救亡"主题活动；"校园，我们的家"系列活动	1. 组织学生进行"12·9抗日救亡"横幅签名打卡活动 2. "我爱我家"宿舍文化月活动、星级教室评比 3. 勤俭节约教育周活动

评价与巩固

根据每月一主题的活动计划，完成一个主题活动的策划与组织，填写主题教育活动策划设计表（表3-3）。

表3-3 主题教育活动策划设计表

开展班级：　　　　　　　　　　　　　　　　　　　开展时间：　　月　　日

活动主题	
设计意图	
活动目标	
活动准备	

活动过程	调整与补充

活动反思	

活动四：学生申请入团、入党要求和流程

（一）新团员发展要求和原则

《中国共产主义青年团章程》第一条中规定："年龄在十四周岁以上，二十八周岁以下的中国青年，承认团的章程，愿意参加团的一个组织并在其中积极工作、执行团的决议和按期交纳团费的，可以申请加入中国共产主义青年团。"这是一个共青团员必备的基本条件。

团员发展必须全面贯彻"积极地、有计划地发展团员，向一切先进青年敞开团的大门"的方针，努力做到坚持标准，保证质量，积极培养，协调发展。

基层组织要制订团员发展计划，建立青年积极分子名册和培养考察制度，加强团前教育，吸收青年积极分子参加团的有关活动，从政治、思想、工作、学习等方面进行全面考察（一般为半年以上），在认为其已具备团员条件时，再吸收入团。未经团组织培养考察的青年，不得突击发展入团。在保证团员质量的前提下，做到团员数量的相对稳定和适度增长。班级毕业时，团员率要达到90%以上。

（二）发展新团员流程

发展新团员的流程如图3-1所示。

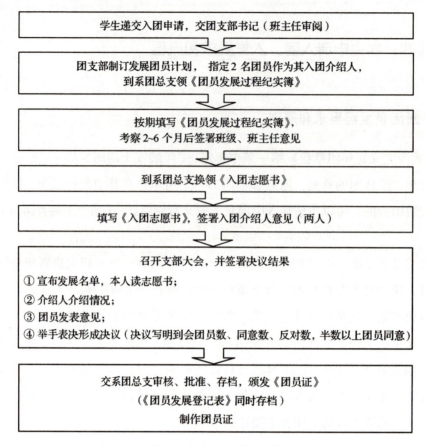

图 3-1　发展新团员流程图

（三）学生党员发展要求和原则

1. 发展党员工作的原则

① 坚持党性、反对派性的原则。

② 坚持重在政治表现的原则。

③ 坚持入党自愿的原则。

④ 坚持个别吸收的原则。

2. 发展党员工作的基本要求

① 坚持围绕中心，服务大局。

② 坚持党员标准，严格工作程序。

③ 坚持改善结构，保持均衡发展。

④ 坚持教育引导，做好基础工作。

⑤ 坚持务实求真，与时俱进。

（四）发展学生党员基本流程

1. 积极分子的确定、培养与政审

① 申请：向党支部递交入党申请书。

② 推优：团组织向党组织优秀团员入党，党支部确定入党积极分子。

③ 考察和学习：党支部、党小组和培养联系人定期对入党积极分子进行教育和考察。其间，入党积极分子须入党校进行入党积极分子培训，每1~2个月须向培养联系人上交思想汇报，考察期一般为一年。

④ 确定发展对象：入党积极分子党校结业，党支部通过对其分析排队，党支部对发展对象进行政审、征求党内外群众意见并进行公示，公示七天后没有异议者，可上报上级党组织审查。

2. 党组织接收预备党员

① 党支部向上级组织预报，并对发展对象进行预审。

② 申请人及党支部确定入党介绍人。

③ 申请人填写《入党志愿书》。

④ 参加接收预备党员的支部大会。

⑤ 组织员与申请入党者谈话。

⑥ 党委审批。

⑦ 党支部与预备党员谈话，并分配其一定的工作。

⑧ 预备党员入党宣誓。

3. 预备党员的教育、考察和转正

① 预备党员预备期至少为一年，在此期间党支部对其继续进行培养、教育和考察。

② 预备党员到期提出转正申请。

③ 支部委员会进行审查。

④ 党支部召开支部大会讨论预备党员转正。

⑤ 党委审批，审批合格即成为正式党员。

⑥ 党支部与转正的预备党员谈话，提出希望。

4. 发展学生党员工作流程

发展学生党员工作流程如图 3-2 所示。

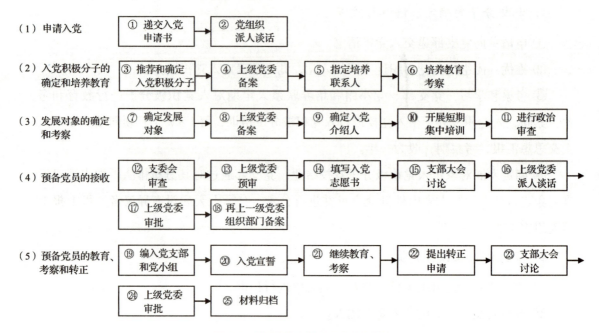

图 3-2　发展学生党员工作流程图

为进一步扩大民主、完善程序，增强大学生党员发展工作的科学性和公信度，提高大学生党员发展质量，根据《党章》和有关文件规定，按照《关于深入实施大学生党员素质工程的意见》（苏组发〔2012〕4 号）要求，严格执行《江苏省大学生党员发展工作"三投票三公示一答辩"实施办法》（苏组通〔2012〕54 号）。"三投票三公示一答辩"，即发展大学生党员要进行推优投票、发展预备党员投票、预备党员转正投票，推优公示、发展公示、转正公示，部分预备党员转正答辩。

（五）第二课堂

1."迎新晚会"

在每一学年的开学初，学生会都会举办一次大型的"迎新晚会"，旨在让新入大学院门的同学对大学的生活和学习有初步的了解，进一步推进大学院园文化活动的蓬勃发展，活跃学习氛围，给新同学一个真正展示自我风采的舞台，向全校领导、老师和同学展示大学生的全新风貌！

2."青年学院"培训

学院"青年学院"将为每一位怀揣热情加入其大家庭的同学精心组织一系列的培训

活动，给敢于挑战的同学提供锻炼和提升自我的机会，培训囊括了公文写作培训、方案设计大赛、公关礼仪讲座、工作经验交流会等有针对性的培训活动，给每位优秀青年提供了培养和提高自身政治素养、统筹策划能力、组织协调能力、业务素质、心理素质等的锻炼平台，让新成员在培训过程中感受学生会的组织文化，为提高自身能力、更好地服务社会打下坚实的基础。

3. 社团文化艺术节

"社团文化艺术节"是面向学院全体学生的融"思想性""教育性""实践性""艺术性"为一体的校园文化艺术活动。文化节至今已成功举办了七届，历届都获得了我院师生的好评。活动结合学院各专业的特点，以形式多样的团学工作为切入点，内容丰富多彩，有学风建设类、科技实践类、文体活动类等一系列为技师学子量身打造的活动，为广大同学提供了一个施展才华的广阔平台（主要涵盖：舞蹈、社团展示、十佳歌手、朗诵、职业生涯规划、电影节等）。

4. 志愿者活动

我院"蒲公英"志愿者服务队通过开展各类有意义的社会活动，使广大成员得到不少锻炼的机会，也培养了一批优秀的志愿者。他们能更好地认识社会、服务社会，更好地关爱弱势群体，进一步完善自我，实现自己的人生价值。志愿者活动主要有以下几类服务。

① 社区综合服务——"爱心助老，青春更温暖"。
② 环境保护——"低碳生活，青春更阳光"。
③ 关爱农民工子女——"心中雷锋，青春更深厚"。
④ 无偿献血——"无私奉献，青春更闪光"。
⑤ 青年公开课——"魅力开讲，青春更美丽"。

评价与巩固

1. 学写入团申请书。入团申请书的基本格式及内容要求见表3-4。

表3-4 入团申请书的基本格式及内容要求

内容	格式及要求
标题	在第一行正文的正中写"入团申请书"
称谓	即申请人对组织的称呼，如"尊敬的团领导"，顶格书写在标题的下一行，后面加冒号
正文	主要内容包括： ① 对团的认识、入团的动机和对待入团的态度。写这部分时应表明自己入团的愿望 ② 个人在政治、思想、学习、工作等方面的主要表现情况等 ③ 今后努力的方向及如何以实际行动争取加入
结尾	一般在正文下一行空两格写"此致"，再在另一行顶格写"敬礼"
署名和日期	在结尾下一行的后半行（右下方）写上"申请人：×××"，并另换一行写上日期

2. 根据所学内容，学写入党申请书。

任务二　手脑联盟（智育）

◆ 活动一：创新创业

（一）创新创业大赛

1. 了解中国国际"互联网+"大学生创新创业大赛

中国国际"互联网+"大学生创新创业大赛，是由教育部与政府、各高校共同主办的一项技能大赛。大赛旨在深化教育综合改革，激发学生的创造力，培养造就"大众创业、万众创新"的主力军；推动赛事成果转化，促进"互联网+"新业态形成，服务经济提质增效升级；以创新引领创业、以创业带动就业，推动毕业生更高质量创业就业。

大赛目的：以赛促学、以赛促教、以赛促创。

以赛促学，培养创新创业生力军。大赛旨在激发学生的创造力，激励广大青年扎根中国大地了解国情民情，锤炼意志品质，开拓国际视野，在创新创业中增长智慧才干，把激昂的青春梦融入伟大的中国梦，努力成长为德才兼备的有为人才。

以赛促教，探索素质教育新途径。把大赛作为深化创新创业教育改革的重要抓手，引导各类学校主动服务国家战略和区域发展，深化人才培养综合改革，全面推进素质教育，切实提高学生的创新精神、创业意识和创新创业能力。推动人才培养范式深刻变革，形成新的人才质量观、教学质量观、质量文化观。

以赛促创，搭建成果转化新平台。推动赛事成果转化和产学研用紧密结合，促进"互联网+"新业态形成，服务经济高质量发展，努力形成高校毕业生更高质量创业就业的新局面。

2. 我院参赛情况

2019年学院成立创新创业中心，并挂靠团委作为双创工作职能单位。重视和强调发挥独特的学科优势，产学研结合，实现技术转化，不断探索专创融合，引企入校、产教融合，与企业共建生产性创新实训基地，引导学生进行基于专业的创新项目的实践。先后协调各二级学院优势专业，选取了汽车后市场市场营销、幼儿教育、数控加工、机电一体化等专业作为专业化创业型人才培养试点，探索实施专业教育与创业教育融合实践。2019年，开始探索机电一体化与幼儿教育专业融合，并对接市场实施"订单培养、创业引领"双线并行的校企合作人才培养模式，在校内创建"DIY百变童车教具"项目创业项目工作室，作为创业项目的孵化基地和学生创业的平台。并于当年，分别在江苏省技工院校创业创新大赛、江苏省职业院校创新创业大赛中斩获第一名，随后在全国技工院校创业创新大赛中荣获三等奖。

2021年江苏省扬州技师学院"DIY百变童车教具"项目入围国赛，是我省入围全国总决赛的唯一一所技工院校，并以小组第一的成绩勇夺职教赛道创意组金奖，成为全国首个在此项赛事中斩获金奖的技工院校。

（二）技能大比拼

近年来，学院高度重视技能、技艺工作，全面提升学生综合素养，将思政教育通过树型素质教育体系贯穿到教育、教学中，学院团委利用校园网、报纸、网站、微信公众号等平台大力宣扬积极向上的校园文化，营造浓厚的技能比学、赶超的校园学习氛围。

1. CAD 制图设计

本项目培养学生的空间想象和构思能力，使其具备平面设计和三维造型的基本能力及严谨细致的工作作风和认真负责的工作态度；掌握必要的手工绘图技能，更多的是掌握计算机平面图形和三维实体造型的设计能力，提高同学们的专业技能和科技素质，为今后进行相关设计积累经验。

2. PLC 安装与调试

本项目以可编程控制技术为主线，从技能培养、技术应用的角度出发，结合实际项目要求进行设计，通过项目比赛，展现机电一体化专业类学生或对机电一体化专业有兴趣的其他专业学生的良好的精神风貌和娴熟的职业技能，充分展示机电类专业改革发展的成果。

3. 机器人比赛

本项目旨在锻炼学生在工业机器人编程、调试、维护、检修等方面的专业知识和操作技能，要求学生毕业时具备机械结构设计、电气控制、传感技术、智能控制等专业技能。

4. 模具设计与制造

本竞赛主要检验选手的模具 CAD 设计水平，以及对模具零部件最终加工和模具装配、试模、修模的水平，要求选手最终能顺利通过冲压/注塑设备制造出合格的制件。

5. 3D打印造型

本竞赛主要考核选手三维数据建模、产品外观创新设计水平，要求选手能正确使用三维扫描仪来获取点云数据，从而进行三维建模，最终为3D打印机设定参数，打印出合格的制品。

6. 无人机装调检修

本竞赛主要考核选手对无人机设备的安装和调试技能，要求选手能够完成无人机编程、组装、线路规划及避障等任务，最终按照指定路线飞行，且能使无人机顺利完成抓取、投放等任务。

7. 机械加工

本竞赛以锻炼选手的综合职业能力为核心，考核选手制定机加工工艺、选择合理的刀具及切削参数等技能，要求选手能够正确使用设备和刀具，加工出符合图纸形状、公差要求的产品。

（三）各类讲座

技工院校是技能类人才的培养基地，讲座则是学生校园生活中浓墨重彩的一道风景。丰富多彩的讲座对于繁荣校园文化、深化德育，具有良好的促进作用。此外，对于人才培养和教育而言，讲座是其中不可忽视的培养和塑造手段。指导性讲座能给学生以切实的人生指导，引导学生养成健康的生活方式；学术性讲座是学生开阔知识视野，发掘学习兴趣和增强技能功底的第二通道，对于提升学生综合素质具有不可替代的作用。

1. 心理健康类

为增强学生心理健康水平，提高学生心理调适能力，塑造阳光心态，学校常态化举办心理健康讲座，聘请校内外专家对同学们进行心理辅导，通过大量案例帮助同学们掌握识别自身及周围同学可能出现的各类心理问题的方法，教会同学们如何正确地管理好自己的情绪。

2. 法治教育类

安全法治教育作为三教三训中的一环，一直被学院各级领导重视。为切实加强校园安全管理工作，进一步增强学生法治观念，提高青少年学生的法律意识和自我保护意识，预防和减少青少年违法犯罪，学院定期开展法治教育类讲座，增强学生遵纪守法的自觉性，做一个知法、懂法、守法的合格学生。

3. 消防安全类

为进一步做好校园安保工作，切实提高校园治安防范水平，给学生提供一个良好舒适而又温馨的学习环境，我院每年定期开展消防安全知识讲座及消防疏散演练。

刻意练习

给大家介绍一本书,书名是《刻意练习》。本书由美国心理学界和科学界的两位专家安德烈·艾利克森和罗伯特·普尔共同书写,通过很多成功案例说明:生活中,刻意练习适合每个有梦想的人,适合每个想学习画画、编程、摄影,想提高各项专业技能、考试成绩的人。

本书否定了"10 000 小时定律"。作者认为,一些伟大的表演者花了很多时间练习,但是,很多人花了很多时间,却从未达到国家级或世界级水平。他们之间的区别,并不一定是在练习的时间上,而是在于练习时所做的事情。通俗地讲,这 10 000 小时不是单纯的时间的叠加,而是有计划、有目的地训练。也就是说,10 000 小时练习时,每一次的努力都应该最大限度地吸取上次努力的结果、经验、教训,在上一次的结果上进行改进。这被称作"刻意练习"。

刻意练习是有目的地练习,还需要获得反馈,并且根据反馈进行相应的调整。简单的重复并不能称为刻意练习。生活、学习中运用刻意练习的原则有四点:

(1) 找位好导师:这位导师应经验丰富,知道学习某些技能的最佳次序,能正确示范各种技能,可以为你提供有效反馈,并且能够为你设计专门的练习活动。在他们的指导下,你的学习能够更加迅速地取得进步。如果我们身边没有,我们可以搜索一些专门的学习网站,通过视频等学习手段向高手学习,这比我们自己盲目地练习要高效得多。

(2) 专注和投入:每天安排出一段完全不被打扰的时间,关掉手机,全神贯注并尽最大的努力练习,这样的练习才有效果。

(3) 有效反馈:每次的反馈必不可少,有效的反馈能让我们奠定扎实的基础,从一开始就养成正确的习惯,使得每一次的练习都走在正确的路上,从而更接近目标。

(4) 保持动机:保持动机是每个投入有目的的训练或者刻意练习中的人必须拥有的主观愿望或自觉意识。

请同学们阅读本书,并依据书中的方法提高自己的一项技能。

评价与巩固二

请学生参加讲座并填写记录表（表3-5）。

表3-5 学生参加讲座记录表

姓　　名		专业、班级	
主讲老师		讲座题目	
职　　称		日　　期	
讲座心得（不少于500字）			

学生签名：

任务三　品牌特色活动（体育、美育）

◆ 活动一：技能技艺节

为进一步丰富师生技能、文化生活，提升学生的道德素养、文化素养、职业素养和公民素养，学院每年秋季学期开展为期三个月的技能技艺节，不仅是对同学们、老师们技能、技艺水平的一次大检阅，也是学院开展素质教育、建设校园文化工程的一次大展示。

（一）设计类

1. 变废为宝

学生通过自己的创意，将身边的废旧物品制作成可以欣赏或穿戴的事物，通过环保与创意的有机结合，将环保意识深植大众心中，达到环保普及和提升动手能力的目的。

2. DIY 手工制作

让学生走出教室，发挥自身的兴趣爱好、专业特长，通过小组合作制作出独具特色的物品，既培养了学生的团队协作精神，也让大家在创作中体验，在体验中感悟，在感悟中收获，激发学生对生活的热情。

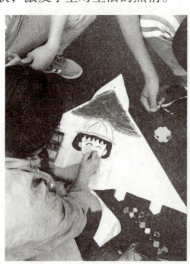

3. 扬州剪纸

学习剪纸不仅能锻炼学生双手的灵活性和协调性，培养学生的耐心和细心，提高学生的动手能力，而且有利于培养学生对剪纸这一民间艺术的认识和理解力，了解民俗风情。

（二）摄影绘画类

1. 绘画

绘画比赛及展览促进了学生的艺术发展，为爱好美术的学生提供了展现自我的平台，增进了学生之间的交流，在轻松愉快的氛围中提升专业技能，增进专业学习热情。

2. 摄影

摄影比赛活动为学生提供了发现美、留住美、展示美的平台，在丰富校园文化生活的同时，引导学生更加关心生活、关注社会，以健康、文明、热情的姿态展现大学生的风采与活力。

3. 体育

每年 4 月召开的体育运动会是校园文化的重要组成部分，充分展现大学生的青春活力，很多学生拼尽全力为班级和二级学院赢得荣誉，享受乐趣、增强体质、健全人格、锤炼意志，充分发扬敢拼敢闯的精神。用尽全力起跳时的身姿、咬牙坚持冲线时的神态，都展现了独特的运动之美。

为营造一个积极、健康、朝气蓬勃的校园环境，由学院基础部主办，体育教研组、院（系）学生会承办的"新生杯篮球赛暨学生篮球联赛"，将在每年 2 月份展开激烈角逐。篮球联赛举办期间，同学们可以参与到包括三分球大赛、啦啦队表演等精彩活动的篮球嘉年华中。新生们通过挥洒汗水与热情，培养团队意识，缔造真挚友谊，在这个舞台上充分展示自己青春的风采。

活动二：宿舍文化月

（一）宿舍文化定义

宿舍文化是指依附于宿舍这个载体来反映和传播的各种文化现象的总和。它既包括校园中的物质文化、制度文化，也包括师生的价值观念、群体心态、校园舆论等。它以宿舍成员共同的价值观为核心，由涉及宿舍生活的各方面的价值准则、群体意识、行为规范、公共行为和学习生活习惯所组成，是由宿舍成员共同建立和长期形成的、潜移默化的氛围和影响力。

学生宿舍文化是指在学生宿舍这一特定的环境里，宿舍全体成员依据宿舍的客观条件，在从事各种可能的活动中所形成的物质环境和文化氛围。它包括宿舍的室内设施、整体布局、卫生状况、规章制度、宿舍成员的人际关系、道德水准、学识智能、审美情趣、价值取向、行为方式等。

（二）宿舍文化月活动背景及目的

进入江苏省扬州技师学院之后，同学们的学习生活方式就发生了巨大改变，掌握操作技能、提高创新能力、丰富课余生活，营造互助互爱、积极愉悦、和谐阳光的宿舍氛围，显得尤为重要。

宿舍文化月活动旨在加强我校学生宿舍文化内涵建设，丰富大学生课余生活，提升学生宿舍文化生活品位，倡导健康向上的生活方式，共同营造新时代文明、安全和谐、积极向上、舒适优雅、文明礼貌的校园文化氛围。

宿舍文化月活动主办方为学工处（宿管中心），活动开展时间为每年11月初至12月中旬左右。

（三）宿舍文化月活动照片

1. 宿舍文化月开幕式

2. 宿舍文化月"标兵宿舍"样板

3. 宿舍文化月户外活动

4. 宿舍文化月掼蛋达人赛

5. 宿舍文化月校园生活百科知识竞赛

6. 宿舍文化月手抄报

7. 宿舍文化月奖品样本

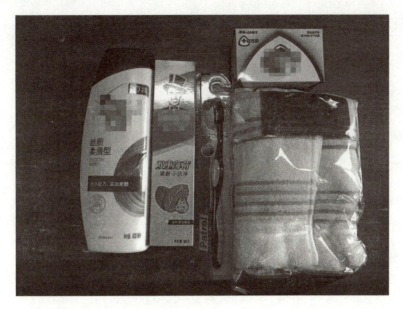

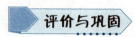

宿舍文化月标语我来定

好的宿舍文化月标语能激发同学们的参与热情,如"优美环境你我创,温馨宿舍齐共享""宿舍多礼让,大家常欢畅""处处干净,阵阵留香!个个行动,人人品香!""花儿用美丽装扮世界,我们用文明美化校园"。请你模仿上面的例子,也为宿舍文化月想一个标语吧。

宿舍文化月标语:_____。

任务四　学生值周活动（劳育）

党的十八大以来，习近平总书记在多个场合强调了劳动的价值，歌颂了劳动的伟大，指出要加强对广大青少年的劳动教育。在劳动中，同学们可就解决某个问题、突破某个环节寻找策略，与他人互助协作，及时总结经验教训，等等，不仅可以锻炼专注力、创造力和行动力，而且可以增强大局观念、合作意识，还能够增强体质、强健体魄。可以说，劳动具有综合育人价值。为此，学院结合实际，将值周活动纳入学校人才培养方案，以体力劳动为主，注意手脑并用、安全适度，让学生出力流汗，接受锻炼，磨炼意志，强化实践体验，发挥劳动教育在实践育人方面的重要价值，培养学生正确的劳动价值观和良好的劳动品质。

◆ 活动一：学生值周活动的培养目标

（一）培养学生的四个意识

1. 自理意识

增强学生对寝室、班级、系部和学院事务的监督权、管理权和话语权，带动全院学生养成守纪律的良好习惯，提高学生自我约束、自我管理的意识和能力。

2. 自信意识

充分调动和发挥学生自我管理的主动性、积极性和创造性，提高学生自我管理、自主学习和自我发展的能力，增强学生自信，启迪学生智慧。

3. 自强意识

让学生愿意为班级争光彩，为系部展风貌，为学院树形象。共同营造和谐的校园氛围，让一部分学生成为学院文明行为的榜样，带动全院学生积极进取、奋发有为，培养学生健康向上的人格意识。

4. 自立意识

让学生立足现在，做好小事，告别依赖，反复实践，懂得自己要对自己负责、对班级负责、对系部负责、对学院负责，进而达到对社会负责。培养学生自我反思的意识与积极担当的优秀品质。

（二）培养学生的五种能力

1. 自控能力

通过变他控为自控、变他律为自律，提高学生独立和自治管理的能力。

2. 处事能力

通过自治管理过程的磨炼，提高学生的交往能力、沟通能力、协调能力和合作能力。

3. 学习能力

通过自主、合作、探究和互相帮助，提高学生的学习能力。

4. 组织能力

通过对自治管理事务的思考、策划、协调、实施，提高学生的组织能力。

5. 创造能力

在自治管理过程中会不断出现新情况、新问题，讨论解决这些问题的新思路、新方法，提高学生的创造能力。

◆ 活动二：学生值周活动的主要内容

值周内容包括校内门岗值勤、仪容仪表检查、校园卫生清扫、宿舍区环境维护、就餐秩序整顿、校内违纪纠察、晚自习巡查等活动。学生值周活动岗位及要求如表3-6所示。

表 3-6 学生值周活动岗位及要求

值周岗位	岗位名称	值周地点	值周时间	所需人数/人	值周内容
1—8 号岗	风纪纠察岗	1. 西门隧道口 2. 东门大门口 3. 一区公寓门口 4. 三区宿舍门口 5. 四区宿舍门口 6. 37 号楼门口 7. 技能教育中心门口 8. 教学楼一楼进出口通道	7：15—8：00， 11：15—11：45， 17：30—18：00（夏季作息时间）或 17：00—17：30（冬季作息时间）	24	学生仪容仪表检查、标志牌检查、秩序维护、来客引导等
9 号岗	用餐维护岗	生活服务中心一楼	7：15—8：00， 11：15—11：45， 17：30—18：00（夏季作息时间）或 17：00—17：30（冬季作息时间）	6	就餐秩序维护、用餐文明检查、对用餐浪费行为及时提醒等
10 号岗	安全巡逻岗	操场周边及地下停车场（流动岗）	随机巡查	6	校园抽烟及其他违纪行为纠察
11—13 号岗	卫生清洁岗	1. 校园教学区 2. 办公区 3. 宿舍公共区域	8：00—11：00， 14：00—17：00	18	维护校园教学区、办公区、宿舍公共区域卫生
12 号岗	自习巡查岗	教学楼、37 号楼	16：30—17：15（夏季作息时间）或 16：00—16：45（冬季作息时间）， 18：30—20：00	6	第七节自习课、晚自习秩序检查

注：院本部设 9 个定点岗位及 1 个流动岗位（西校区按需设立）。

◆ 活动三：做一名合格的值周生

在值周活动中，值周学生应做到以下几点。

（一）值周纪律

① 服从领导，听从指挥，及时汇报。

② 作风严谨，态度认真，尽职尽责。

③ 在岗期间不得有闲聊、打闹、玩扑克（或棋类、影像设备等）、玩手机、起哄、

酗酒、打架等违纪违规行为。

④ 不无故缺岗、迟到、早退。

⑤ 随时佩戴校牌和值周袖章，收岗时将桌凳、工具摆放整齐。

⑥ 仪表整洁，精神饱满，穿好校服，不穿拖鞋，不留怪异发型，不染发，不穿奇装异服。服务周到，乐于助人，做好来访车辆和人员的指引工作。

⑦ 交接班时间安排在周五16：00—17：00，交接班时，上、下周值周班级做好物品交接工作，并认真填写《值周物品交接清单》。

（二）岗位职责

① 协助校内保安维持校园正常秩序，协助宿管老师做好宿舍区环境整治。

② 协助校内保洁员维持校园环境整洁，制止他人破坏校园卫生行为。

③ 做好学生仪容仪表等各项检查工作，及时纠察和制止各类违纪行为。

④ 做好各处室、部门及系部安排的临时任务。

⑤ 做好各种表格的记录、统计、汇总和上报。

⑥ 做好值周物品交接工作，如有破损、丢失现象，由该周值周班级负责按价赔付。

值周培训

学生开展值周自治活动

评价与巩固

对照值周学生评价表（表3-7），争做合格值周生。

表3-7 值周学生评价表

被评价人		班级		班主任				
评价时间		评价部门		评分人				

评分标准：
表现优秀：表现能超出岗位要求，并且胜任有余　　　　　　　5分
表现良好：表现能达到或超出其工作要求的胜任程度　　　　　4分
符合要求：表现能达到其岗位要求　　　　　　　　　　　　　3分
有待改进：经常不能完全达到工作要求，有待改进　　　　　　2分
有待提高：表现一般，与工作要求有一定差距　　　　　　　　1分

项目	参考要求	评价内容	5分	4分	3分	2分	1分
个人品德	思想品德、道德礼仪等方面	思想进步，品德高尚					
		工作主动，争做表率					
		言语文明，举止大方					
		尊重师长，礼貌待人					
日常行为	每个岗位的日常工作情况	听从老师安排					
		按规定要求完成工作任务					
		工作踏实，任劳任怨					
		注重学习，善于总结					
		能及时劝导校园内不文明行为					
		以身作则，规范执纪					
工作协同	在完成任务的过程中与同学和谐工作的情况及对待他人的态度	愿与同学分享工作经验和观点					
		与同学能够保持良好的关系					
		工作讲效率、讲成效					
		态度端正，待人热情					
		团队意识强，服从大局					
出勤情况	日常出勤率、假期情况	不迟到					
		不早退					
		无旷工					
		无事假					
		无违纪					

评价等级：优（≥90分）　良（80~89分）　中（70~79分）　可（60~69分）　差（<60分）

评价结果：

续表

对被评价人的意见或建议:						
评价时间		评价部门		评分人		
			签名:		年 月 日	

模块四 技能成才

任务一 技能腾飞

◆ 活动一：职业教育将大有作为

中共中央总书记、国家主席、中央军委主席习近平对职业教育工作做出重要指示："在全面建设社会主义现代化国家新征程中，职业教育前途广阔、大有可为。要坚持党的领导，坚持正确办学方向，坚持立德树人，优化职业教育类型定位，深化产教融合、校企合作，深入推进育人方式、办学模式、管理体制、保障机制改革，稳步发展职业本科教育，建设一批高水平职业院校和专业，推动职普融通，增强职业教育适应性，加快构建现代职业教育体系，培养更多高素质技术技能人才、能工巧匠、大国工匠。"

◆ 活动二："技能改变人生"的精彩故事

改革开放 40 多年来，我国已建成世界规模最大的职业教育体系——1.13 万所职业学校、3 088 万名在校生，职业教育实现历史性跨越。

随着我国进入新发展阶段，产业升级和经济结构调整不断加快，各行各业对技术技能人才的需求越来越紧迫。党的十八大以来，职业教育提质培优、增值赋能，职业院校毕业生成为我国产业大军的主要来源，成为支撑中小企业聚集发展、区域产业转型升级和城镇化发展的主力军。

（一）产教融合，产业大军的主要来源

"十三五"时期，制造业重点领域相关高职专科专业点数增长 21%，招生人数增长近 50%；养老、托幼、家政等相关专业布点数近 2 100 个，年招生人数达 44 万人……跟着产业走，科学规划专业布局，我国职业教育产教融合、校企合作正迈向深入。目前，在现代制造业、战略性新兴产业和现代服务业等领域，一线新增从业人员 70% 以上来自职业院校。

瞄准新能源汽车这一新兴产业，长沙汽车工业学校调整专业设置，实现办学的转型升级。"现在我们共有两大专业集群，汽车智能制造和汽车现代服务。"校长胡冬生介绍，2012 年学校与比亚迪公司达成合作，每年都能向其输送大量能迅速上手的毕业生。此外，学校还和多家车企建立合作关系，学生订单培养率 40% 以上，就业率达 100%。

山西省晋中市太谷区职业中学校长王福贵表示，学校 2020 年 5 月刚一复课，就有多家企业上门揽才，80 多名数控焊接专业毕业生全部被山东、浙江的企业预定。

培养技术技能人才、支撑产业结构转型升级，已经成为越来越多职业院校的责任与共识。

在江西，12 个区域性产教融合型实训基地将进一步提高职业院校实习实训水平，拟投资 25 亿元建设的全国首个职业教育虚拟仿真（VR）示范实训基地，将推动人才培养质量提升。

在甘肃，集中力量建设 10 所高水平高职院校、30 个高水平专业群，着力打造 35 所优质中等职业学校和 100 个优质专业，成为打造"技能甘肃"的重要支撑。

海口旅游职业学校与 40 多家企业缔结校企战略合作关系，共建实习实训基地，共同制定专业建设标准，共同探索现代学徒制。这所中职学校的学生以过硬的综合素质连续19 年参与博鳌亚洲论坛年会工作。

产教融合，也已逐渐上升为不少城市发展的战略布局。

上海出台了产教融合型城市建设方案，重点围绕临港自贸区产教融合核心试点区，推动应用型本科、高职院校签订若干重大产教融合项目；无锡高新区把区校一体化融合发展纳入"十四五"规划，明确提出推进职业教育与产业需求深度融合、专业设置与产业结构全面贯通、人才培育与区域发展全面连通等。

通过深化产教融合，高水平职业院校与当地经济社会发展同频共振的格局清晰可见。

据了解，目前全国职业学校开设 1 300 余个专业，覆盖了国民经济各领域，专业布点 10 余万个。

（二）技术赋能，每个人都有人生出彩的机会

"职业教育与普通教育是两种不同教育类型，具有同等重要地位。""职教 20 条"（《国家职业教育改革实施方案》）开宗明义。职业教育为千千万万年轻人提供了人生出彩的机会。

在四川省成都市第一人民医院病房里，护士扎西祝玛照顾着几位老年患者，喂饭、翻身，无微不至。"初中毕业那年，我以为自己要放一辈子的羊。做梦都没想到有一天会定居成都，成为一名医院正式职工。"说起自己的经历，扎西祝玛心怀感激。

扎西祝玛家在凉山彝族自治州木里藏族自治县俄亚乡子洛村。"是四川'9+3'免费职业教育计划改变了我的人生，不仅 3 年学费全免，每月还有 300 元的生活补助，往返学校的车费也能报销。"扎西祝玛说。

与扎西祝玛一样，受益于职业教育的还有贵州小伙秦龙江。去年，秦龙江靠在山东青岛做船员的收入，翻盖了老家的房子。2015 年，青岛海运职校与安顺民族职校结成对子，将船员培养作为合作方向，秦龙江正是首届航海捕捞专业的学生。

职业教育，既关乎国计，也涉及民生。近些年，职业教育在服务就业改善民生等方面发挥了越来越重要的作用。

——在脱贫攻坚战中，门槛更低、成本更小、就业通道更为直接的职业教育，成为教育扶贫的"排头兵"。当前，我国职业院校 70% 以上的学生来自农村，许多家庭通过职业教育实现了拥有第一代大学生的梦想，斩断了贫困代际传递的根子。"职教一人，就业一个，脱贫一家"，让越来越多的家庭日子越过越红火。

——2019 年高职扩招 116.4 万人，2020 年高职扩招 157.4 万人，设立中职国家奖学金、扩大高职院校奖助金覆盖面、提高补助标准……一大批退役军人、下岗失业人员、农民工、高素质农民，通过职业教育掌握一技之长，让人生更加出彩。

——通过实施职业教育东西协作行动计划，推进东西职业院校协作全覆盖、东西中职招生协作兜底、职业院校全面参与东西劳务协作等，中西部贫困地区孩子实现了"升学有路、就业有门"。

与此同时，职业教育已成为我国高等教育迈入普及化阶段的关键推动力。2020 年、2021 年全国高职（专科）年招生已分别达到 483.6 万人、524.3 万人，连续超过普通本科。

教育部相关负责人表示，打赢脱贫攻坚战后，还要进一步巩固拓展脱贫攻坚成果，推动乡村全面振兴。下一步将着力推动职业教育提质培优，加强涉农职业院校基础能力建设，在服务全面实施乡村振兴战略中发挥更重要作用。

（三）内涵发展，增强职业教育适应性

"十四五"规划纲要明确提出"增强职业技术教育适应性"，包括突出职业技术（技工）教育类型特色，深入推进改革创新，优化结构与布局，大力培养技术技能人才；深化职普融通，实现职业技术教育与普通教育双向互认、纵向流动等。

这为我们推进职业教育现代化建设、深化人力资源供给侧结构性改革，进一步指明了方向、打开了新空间。如何聚焦重点、疏通堵点、破解难点，推动我国职业教育内涵发展、高质量发展，已经成为摆在职业技术教育战线面前的一项重大课题。

——提质量，稳步发展本科层次职业教育。2020年6月，拥有百年办学历史的南京工业职业技术学院更名为南京工业职业技术大学。2019年以来，本科层次职业教育实质性往前迈了一大步，已有27所职业院校独立举办本科层次职业教育，职业教育的专科"天花板"逐步打破。近年来，全国已有一批优质高职学校新生录取分数普遍超过普通本科控制线。"十四五"时期将继续通过独立学院转设等方式，整合职业教育资源，发展一定规模的本科层次职业学校。

——促流动，"职教高考"成为招生主渠道。如今，越来越多的中职学生通过"文化素质＋职业技能"的职教高考走入大学。2020年，全国高职分类考试招生逾300万人，超过高职学校招生总数的60%，促进了人才多元发展。

——定标准，推行"学历证书＋职业技能等级证书"制度。"学历证书＋职业技能等级证书"制度，即"1＋X"证书制度，让学生在择业时有了更多选择。"1＋X"证书制度，是指在获得学历证书基础上，同时获得若干个职业技能等级证书。从实际效果看，"1＋X"证书制度既夯实了学生的可持续发展基础，又拓展了学生就业创业本领。"十四五"时期，"1＋X"证书制度试点工作将转入常态化、系统化阶段。

此外，面向未来，职业教育在提质培优、高质量发展以及"走出去"等方面，也迈出重要步伐。

2020年以来，山东、江西、甘肃等7个省份共建职业教育创新高地整省试点先后启动，江苏苏锡常、广东深圳等5个城市（圈）试点，作为职业教育提质培优的先行者、探路者。

"双高计划"是引领职业教育新一轮重大改革的排头兵、领头雁。中央财政每年引

导资金 20 余亿元，带动大量资源、资金向职业教育聚集。"双高计划"立项建设的 253 个高水平专业群面向战略性新兴产业、先进制造业、现代服务业、现代农业，有力支撑了国家现代化经济体系和区域经济社会发展。

在海外建立 17 个"鲁班工坊"，"中文＋职业技能"融合发展，在全球 40 多个国家和地区开设"中文＋职业技能"特色项目，涉及高铁、经贸、旅游、航空等领域……在服务国家扩大开放、"一带一路"建设和国际产能合作上，职业教育也将发挥更大作用。

展望未来，职业教育必将大有可为、大有作为，成就更多"技能改变人生"的精彩故事，书写服务乡村振兴、助力经济社会发展的崭新篇章。

◆ 活动三：身边的国之工匠

吴晋卿：600 个日夜的"锤"炼，扬州"小木匠"在世界舞台创奇迹

如果你是扬州技师学院的学生，有一天在校园里遇见了与自己年龄相仿的老师，不要惊讶。眼前这个年轻教师名叫吴晋卿，二十出头的他已经是江苏省扬州技师学院的一名在编副教授，同时学校以他的姓名设立了技能大师工作室。

凭什么能给同龄人当老师？凭什么能称为大师？2019 年 8 月，年仅 20 岁的吴晋卿摘下第 45 届世界技能大赛家具制作项目银牌，这是中国代表团在该项目上取得的历史最好成绩，首次取得奖牌的零突破。

筑梦，一步一个脚印

休宁县，安徽省最南端，黄山脚下，树木多，房子多，是知名的"徽杉仓库"，历史上从这里走出的，不仅有历朝历代的 19 位文武状元，也有一代又一代的徽州木匠。这里就是吴晋卿的出生地。天赋和兴趣往往是一项事业发展的开端。15 岁的吴晋卿，别看他少言寡语，却颇有心思：爸爸、舅舅、姨父都是木匠，自己成绩一般，但从小就喜欢木工，与其上高中、挤高考独木桥，不如学个一技之长，将来也好有个稳当营生。

吴晋卿进校拿起的第一件工具，是斧子。"好沉啊，第一项作业是把一根圆木修成方木，我和三名同学整整砍了三天。"吴晋卿回忆，第一天手上就磨出了血泡，"挑破了，第二天继续。"水滴石穿，非一日之功。

锯、锤、凿、铲、刨、钻、锉、墨斗……木工行当"十八般兵器"，吴晋卿反复习练，手上的茧越来越多、越来越厚。

2016 年夏，第 44 届世界技能大赛家具制作项目全国选拔赛在河北邢台举行，徽匠学校推荐多名学生参赛,吴晋卿是年龄最小的一个。由于不熟悉比赛指定的德国设备,吴晋卿只获得第七名,与国家集训队擦肩而过。但他的手艺给评委留下深刻印象:"这孩子功夫了得,多加雕琢必成大器。"

有点沮丧,心有不甘。在返程的火车站台,吴晋卿对那一次的参赛经历,在好像心里开了一扇窗,对于现代化木工比赛好奇又无比向往,还想再试试,看看世界一流的木工技艺,看看自己究竟有没有实力站在世界舞台和他们比。

拔节的梦想,就像蒲公英的种子,飘落在吴晋卿的心田。这次参赛经历,在他眼前推开了一扇门:群山之外,还有更远更大更高的山。

圆梦,梦想有多远,就能走多远

600多个日日夜夜,当一些同龄人打手游、刷抖音时,吴晋卿却每天十几个小时"困"在15平方米的工作间,围着图纸、木料、切割机转,将"万榫之母"燕尾榫练到了"水不漏、光不透"。梦想不会自动成真,奋斗是其桥梁;目标不会自动抵达,奔跑才有远方。在追逐梦想过程中,既有来自困难的挑战,也有来自诱惑的干扰。20岁小伙子的手已满是老茧和伤痕,左手食指,显眼的伤疤就有十处。在最美好的年华,吴晋卿就像一个驰而不息的追梦人,用伤和汗换来成长。2019年8月,在俄罗斯喀山,吴晋卿高举五星红旗跃上领奖台,胸口挂着银灿灿的奖牌。

播梦,造梦的路上从不缺席

如今,小吴老师的追梦故事已在校园传开,他也成了校园的明星。邬江和唐兴瑞,是学校为筹备江苏省高技能人才公共实训基地(家具制作项目)引进的年轻技能教师。带领他们的师父正是吴晋卿。

评价与巩固

职业生涯规划测评又称职业规划测评，简称职业测评或职业测试，是职业规划的前提条件。

迈尔斯-布里格斯类型指标（Myers-Briggs Type Indicator，MBTI）是由美国作家迈尔斯和她的母亲布里格斯共同制定的一种人格类型理论模型。MBTI指标以著名心理学家荣格的心理类型为基础。它是一把深入、系统地了解人的本我的奇妙的钥匙。它揭示了不同类型的人有不同的本能的、自然的思维、感觉和行为模式，同一种类型的人本能的、自然的思维、感觉和行为模式又是何其的相似，从而使我们明白为什么不同的人对不同的事物感兴趣，为什么不同的人擅长不同的工作，人们为什么不能相互理解、有效配合。所以对于选择学习的专业，进行职业定位和职业规划，MBTI性格类型系统是很好的工具——主要应用于职业发展、职业咨询、团队建议、婚姻教育等方面，是目前国际上应用较广的人才甄别工具。

人的性格倾向，就像分别使用自己的两只手写字一样——两只手都可以写字，但惯用的那只写出的会比另一只更好。每个人都会沿着自己所属的类型发展出个人行为、技巧和态度，而每一种也都存在着自己的潜能和潜在的盲点。

同学们，请利用互联网进行MBTI人格类型测试，开展一次自己的职业规划测评，看一看自己适合什么样的职业。

任务二　校友风采榜

◆ 活动一：杰出校友

梁　勤

梁勤，1992年毕业于江苏省扬州技师学院，现任扬州扬杰电子科技股份有限公司（以下简称"扬杰科技"）董事长，扬州市人大常委。先后获"全国关爱员工优秀民营企业家"、"江苏省第五届优秀中国特色社会主义事业建设者"、江苏省妇联"爱心捐助先进个人"、"江苏省优秀女企业家"、"江苏省诚信企业

家"、"扬州市首届十大功臣"、"扬州十大经济新闻人物"等荣誉称号。2021年2月22日，梁勤位列"2021年度中国杰出商界女性榜"第62位。2021年4月，福布斯全球富豪榜发布，梁勤及家族以14亿美元财富位列"2021福布斯全球富豪榜"第2 141位。

扬杰科技成立于2006年，2014年在深交所上市。扬杰科技是中国优秀的功率二极管、整流桥、分立器件芯片制造销售厂商之一，是国内分立半导体器件及芯片生产的领军企业。公司主要产品广泛应用于汽车电子、智能电网、消费类电子、光伏、LED、通信等领域。

朱　军

朱军，1992年毕业于江苏省扬州技师学院，现任中国船舶重工集团公司第七二三研究所科研保障部主任，扬州市五一劳动奖章和扬州市技术能手获得者。

初中毕业时，因为喜欢电气工程专业，朱军走进了江苏省扬州技师学院，开始了人生的新旅程。一个初出茅庐的农村小伙凭借一技之长，不断学习新技术、努力打拼，从一名普通的维修电工成长为一名国家重点科研事业单位的中层领导干部，使自己的人生得到升华。

张桂堂

张桂堂，1990年毕业于江苏省扬州技师学院交通工程系，现任江苏省兴化市交通局公路规划师，被评为兴化市优秀共产党员，泰州市"十佳建设功臣"，江苏省农村公路建设先进个人。

20世纪90年代初，张桂堂毕业分配到兴化市交通局从事交通工程建设，当过施工员、工程监理、规划计划员、工程统计员、桥梁设计师。无论在哪个岗位，她都一步一个脚印。兴化的农村公路，只要你说出哪个村，她都能随口报出该村的通村公路多长、多宽，等级是多少，连接哪条县乡道或省道，是哪年建造的，该村下一步的公路建设方案是什么。因此，张桂堂被人们称为水乡公路"活地图"。233省道建设期间，她通过现场勘察，及时做水系调整，对数十座桥梁进行了调整，节约建设费用8 000多万元。

盛 亮

盛亮，2012年毕业于江苏省扬州技师学院汽车维修与检测专业，仪征市五一劳动奖章"金牌职工"，现就职于上海大众仪征分公司工作，任区域生产组长。

2011年，盛亮在上海大众仪征分公司实习的9个月内，利用一切时间，勤学苦练，完成了250个岗位的实践操

作，从当时的119个实习生中脱颖而出，第一个获得了正式入职上海大众的资格。

毛卫江

毛卫江，1985年毕业于江苏省扬州技师学院，现任迈安德集团有限公司生产总监，江苏迈安德节能蒸发设备有限公司董事长，江苏省质量协会常务理事，高级工程师。先后带领公司获"2019年江苏省质量标杆：全流程跟踪管控下的'全员参与质量提升'质量管理模式""江苏省管理创新成果'基于信息化的工程型企业流程再造'"等表彰。

迈安德集团是国家级高新技术企业、国家知识产权优势企业，拥有机电工程施工总承包和安装资质、压力容器设计及制造资质、美国 ASME 等多项资质，拥有国家级"博士后科研工作站""江苏省油脂淀粉过程装备工程技术研究中心"，获"江苏省企业技术中心"及江苏省服务型制造示范企业等多项荣誉。

王 越

王越，2018年毕业于江苏省扬州技师学院工程造价专业，该生在校期间尊敬师长、团结同学、干练稳重，班级同学对他评价很高。工作期间，积极进取，高瞻远瞩，工作能力突出。目前担任扬州越辉建筑材料有限公司法人、扬州大昌新型材料有限公司股东、天长通盛新材料有限公司法人、天长亨顺建材有限公司法人。在行业内长期与多家建筑公司合作，如参与上海泾东建设集团有限公司承建的万科翡翠云山、万科时代之光、万科时代风华等项目。

梁 俊

梁俊，1996年毕业于江苏省扬州技师学院化工仪表专业，现任扬州玛莎拉蒂中心总经理。在校期间曾担任班长和院学生会主席，先后荣获"优秀学生会干部""扬州市级机关优秀团干部""优秀学生干部""优秀毕业生"等称号。毕业后先后取得江苏电大大专、上海交通大学本科与香港浸会大学工商管理硕士，2018年获得工商管理硕士学位。2004年进入汽车流通行业，从事上汽大众品牌销售工作，历任销售顾问、零售经理、销售总监兼客户总监、总经理职务。2017年起担任扬州玛莎拉蒂和阿尔法罗密欧两品牌4S店总经理，带领团队取得玛莎拉蒂中国市场占有率

第一的成绩，获"玛莎拉蒂中国优秀经销商""玛莎拉蒂最佳销售团队"等荣誉。在扬州玛莎拉蒂中心工作期间荣获"玛莎拉蒂中国同心相随优秀公益大使""玛莎拉蒂中国优秀总经理"等称号。

梁俊感言：学习是一种态度，也是一种能力，要多去见识，多去锻炼，不断地提升自己的学习能力。感谢在技师学院三年的学习，给予我各方面的历练，使得我在今后的工作和生活中获益匪浅。

◆ 活动二：优秀毕业生

（一）智能制造学院

谢能宥

该生为2010级机电工程管理（高技）专业学生，从进入校园起，他就坚定自己的梦想，为梦想而行，学习上认真刻苦，坚信"我要学，我能学好"，曾多次获得奖学金、"三好学生"等荣誉称号。毕业后继续深造，完成了本科学习。2019年参加研究生考试，被西北师范大学考古系正式录取，成为一名全日制的研究生。希望他不负韶华，在未来的工作生活中实现自我人生价值。

陈 衡

该生为 2012 级机电一体化技术（技师）专业学生，在校期间学习态度端正，除了课堂的学习，还经常利用课余时间与专业老师在实训基地切磋，获"优秀学生干部""十创标兵"等荣誉称号。在担任班长和机电系学生会组织部部长期间，能积极协助班主任管理班级，组织带领学生会成员完成各项活动。毕业后加入北方信息控制研究院曙光光电有限公司，工作中任劳任怨，兢兢业业，用认真负责的态度对待每一件事，多次获得"最佳员工"荣誉称号。陈衡的个人名言是：不为模糊不清的未来担忧，只为清清楚楚的现在努力。

肖 凯

该生为 2012 级 IHK 机电一体化（技师）专业学生，在校期间担任机电工程系学生会主席，积极组织、参加校内外各项活动，乐观向上，获得学院老师的一致好评，多次获"优秀学生会干部""优秀志愿者""三好学生"等荣誉称号。现就职于无锡市新吴区新瑞医院，工作踏实肯干，2020 年参与抗疫前线工作，被评为院优秀员工和新吴区"我们身边的好青年"。

胡 杰

该生为 2013 级机电一体化技术（高技）专业学生，现为宝应粤海水务有限公司优秀员工。在校期间，一直担任班长，乐心为同学服务，尊敬师长，集体观念强，劳动积极肯干，同时学习目标明确，踏踏实实，一丝不苟，多次获得一等奖学金、"优秀学生干部"等荣誉称号。工作以来，谦虚内敛、勤奋

务实，尽职尽责，获得公司的好评。

金士顺

该生为 2016 级机电一体化技术（高职）专业学生。在校期间勤奋刻苦，热爱钻研，善于与同学沟通，在他的带动和影响下，其所在的班级学风优良，学习气氛浓厚，在历次考试中均列年级前茅。金士顺在学习好本专业课程的同时，多次参加中国机器人大赛、江苏省大学生机器人大赛并获奖，2019 年获第三届全国智能制造应用技术技能大赛国赛二等奖，2020  年 4 月，其所参与的《新型智慧物流车系统》项目荣获扬州市第九届青少年科技创新市长奖。目前就职于江苏蓝鲸智慧空间研究院有限公司，担任自动化控制系统项目负责人。

张鹏辉

该生为 2016 级机电一体化技术（高职）专业学生，生活上艰苦朴素，学习积极，热爱运动，聪明好学，多次参加全国工业机器人应用技术大赛、江苏省大学生机器人比赛并获奖。其中，2019 年参加"振兴杯"全国青年职业技能大赛维修电工项目荣获第 12 名，2020 年参加全国行业职业技能大赛——全国人工智能应用技术  技能大赛计算机及外部设备装配调试员项目荣获第 1 名。现已作为优秀大赛选手留校任教。

（二）现代制造学院

陈润泽

该生为现代制造系 2015 级高技机械 2 班模具设计与制造专业学生。2013 年 9 月进入江苏省扬州技师学院就读，2015 年 10 月应征入伍，在部队光荣加入中国共产党，荣获"最美士兵"称号，2018 年退伍复学。在复学期间，陈润泽一边学习专业知识一边开始创业，成为一名年轻的创业者。根据所学专业，陈润泽在淘宝、京东、拼多多等多家电商平台销售机械类常用零件——弹簧，年总销售额超过 500 万元并已成功创办了自己的公司——宁波谦佳电子商务有限公司。

李兴旺

该生为现代制造系 2015 级高技机械 2 班模具设计与制造专业学生。2015 年 9 月进入江苏省扬州技师学院就读，平时表现优异，多次获得一等奖学金，并获"三好学生""十创标兵"等荣誉。曾担任现代制造系学生会副主席和院学生会轮值副主席职务。李兴旺责任心强、服务意识高，得到了同学们的信任和老师们的认可。2018 年和 2019 年分别被评为"市级优秀学生干部"和"省级优秀学生"。在学校的推荐下，李兴旺于 2020 年 6 月成功应聘了扬州一家知名国企单位——中国兵器工业集团江苏曙光光电有限公司。在工作期间，李兴旺能够灵活地运用自己所学的专业技能，熟练地从事军品自动化的生产、装配和调试工作，勤劳刻苦、好学肯干，是公司重点培养对象。

蒋正伟

该生为现代制造系 2010 级高技模具班模具设计与制造专业学生。2010 年 9 月进入江苏省扬州技师学院就读，2013 年 9 月应征入伍，2014—2017 年在江苏消防救援总队镇江支队服役。2015 年在全省比武竞赛中成绩优异，记三等功一次。2016 年在二十国集团领导人杭州峰会安保工作中表现突出，记三等功一次。2015 年和 2016 年连续两年被评为

"优秀士兵"。2017年在部队光荣加入中国共产党，并被镇江市评为"十佳优秀青年"。同年，受湖南卫视《天天向上》栏目组的邀请，专门录制了一档以"消防"为主题的栏目。毕业后，蒋正伟在江苏省消防救援总队镇江支队丹阳大队云阳站工作。由于他工作表现突出，现在已经被提拔为副站长。

（三）信息工程学院

马永辉

该生为2014级计算机动画制作专业学生，2019年7月毕业，目前就职于东易日盛别墅装饰公司，任室内深化设计师，工作时间虽不长，但凭着扎实的技能，已获得公司"最佳施工图规范奖"和"峰彩装饰最佳员工奖"等荣誉。

王英杰

该生为2014级计算机网络专业学生，2019年7月毕业，目前在申铁杰能信息科技有限公司担任信息维护员，是公司的一名技术骨干，曾多次参加春运、"十一"等各个节假日站内信息设备保障，负责扬州站人脸识别验证闸机的安装及调试，并在工作期间考取电梯管理员A4证、低压电工证等多项证书。

高凌岳

该生为 2014 级室内设计专业学生，于 2019 年 7 月毕业。该生在校期间勤于学习，善于思考，多次获得一等奖学金，并获得国家励志奖学金。2017 年，经过层层筛选，获得公费赴台交流学习机会，其间，代表台湾东南科技大学参加第十届"夆禾杯"室内设计竞图比赛并成功进入此次比赛的入围赛，这也是台湾东南科技大学在本次比赛中取得的最好成绩。毕业后，被多家广告装潢设计公司聘任为特约设计师，积累了丰富的设计经验。目前，该生在苏州成立了易家家装公司，同时任北京都悦文化科技有限公司设计总监。其作品多次在各类设计大赛中斩获奖项。

王元瑶

该生是 2015 级室内设计专业学生，2020 年 7 月毕业。在校期间，该生一直任班长一职，工作积极负责，学习认真踏实，多次获得奖学金，曾被评为"市级优秀学生"。目前，该生在由业内知名设计师联合创立的高端设计研究所工作，主要从事中高端住宅的设计工作、与城市建设相关的绿化设计工作及中高档小区的样板房设计工作。独立完成扬州·香茗湖一号小区样板房的设计工作，并获得上海设计周银奖。

周　灿

该生为 2015 级计算机应用技术专业学生，于 2020 年 7 月毕业。该生在校期间学习认真，刻苦钻研，考取了八本专业相关证书，多次被评为"三好学生""优秀学生干部"。2018 年，在第四届全国应用型人才综合技能大赛"兄弟连杯"移动互联网编程大赛

中荣获二等奖。2020 年 6 月，该生顺利通过"专转本"考试，同年 9 月，进入南京工业职业技术大学继续学习，攻读深度专研大数据与人工智能方向、数据结构与算法。进入本科阶段学习后，该生积极参与教育部举办的"挑战杯""互联网＋"等一类大赛。2021 年 7 月代表南京工业职业技术大学参加了中国大学生计算机设计大赛。

（四）管理工程学院

曹安迪

该生为 2014 级高技会计 2 班的学生，品学兼优，德、智、体、美、劳全面发展，在班级管理过程中也表现出色，从进校到顶岗实习，在校期间，能时刻严格要求自己，严谨务实，每学期都被评为"十创标兵"，并多次获得奖学金。2018 年 6 月，该生通过校园招聘会进入南京垦荒人有限公司扬州分公司实习。进入公司实习后，曹安迪同学努力钻研业务，实习态度端正，工作主动积极，认真履行岗位工作职责，吃苦耐劳，任劳任怨，在出纳、核算会计岗位中结合学校学习的知识，努力掌握操作技能，不到一个月已经能够熟练处理工作中的日常事务并能独当一面，获得了

公司领导及同事们的高度赞扬。因工作表现突出，2018 年 12 月调任南京总部工作，并被提拔为岗位经理，成为该公司实习学生中的宣讲典范。

郭　月

该生为 2014 级高技电商班学生，成绩始终名列前茅，顺利地通过电子商务员、助理电子商务师考试，多次获得一等奖学金、"优秀学生干部"等荣誉称号。郭月在学习上时刻提醒自己端正学习态度，不为外界的环境所影响，努力使自己保持一种积极向上的心态和永不服输的精神。工作后，郭月的收获更大，她深深地感知，人际关系、思维方式、专业技能、对未知的勇气、团队合作精神等都需要在工作实践中慢慢学习与打磨。此外，无论是专业类书籍的阅读，还是通识类书籍的阅读，对个人的成长都非常重要，能为自己尽快融入社会打下坚实的基础。"在工作中继续学习进步"是郭月的座右铭。

韩　颖

该生为 2014 级高技会计 1 班的学生，在校期间品学兼优、多才多艺、全面发展，能力突出，待人热情，尊敬师长，对中国传统文化兴趣浓厚，爱好阅读，广泛阅读了历史类、传记类、名著类书籍，知识面广。从一年级开始担任班长，对学校布置的各项任务总能积极认真地去完成。在班主任老师的指导下，组织了多次班级活动，如"十八岁成人礼""我的理想"等主题班会，丰富了班级的文化生活，提高了班级的凝聚力。

现实习于上海凡升金属有限公司，职位出纳，主要负责日常收支的管理和核对、办公室基本账务的核对，负责收集和审核原始凭证，保证报销手续及原始单据的合法性、准确性，配合总会计师负责办公室财务管理统计汇总。

宋子怡

该生是 2016 级高技幼教 1 班学生，在校期间专业成绩突出，曾获得"市级优秀学生"称号，参加央视守护夕阳节目录制，获得扬州市"琼花杯"舞蹈大赛两个金奖、一个银奖。在实习期间，凭着扎实的专业能力，工作上进，认真负责，被实习单位点名表扬。与老师、同学关系融洽，具有良好的沟通能力和组织领导力，是我校 2016 级"优秀毕业生"。

王惠云

该生是我校 2011 级管理工程系学前教育专业的一名优秀毕业生。在校期间担任班长一职，能积极主动地协助班主任处理班级各类事务，做好班级管理等工作。为人诚实谦虚、性格开朗、认真负责、成绩优秀，每年都能获得"三好学生""学习标兵"等荣誉。

在校期间，积极参与各种社会活动，捕捉住每一个机会来锻炼自己，能利用自己的课余时间去丰富自己的课余生活，学习一些舞蹈、乐器等，并考取相关的资格证书。她坚信一分耕耘，一分收获，光学好书本上的知识远远不够，更要学会不断开阔自己的视野。目前就职于扬州规模最大的艺术培训机构前进舞蹈学院，担任舞蹈老师。

（五）交通工程学院

程校斌

该生为 2014 级高技汽车维修班的学生，在校期间，尊敬师长、团结同学、学习态度端正、学习刻苦认真，综合表现好。该生目前就职于上海乐途汽车维修服务部，担任店长。在任职期间，他先后考取了汽修维修技师证、门店管理证、钣金证，并成功提升到了店长的职位。从事汽车修理工作多年，他非常清楚这一行的重要性和危险性。他在修理技术上不断严格要求自己，通过向前辈的学习，掌握熟练的技能，不断提升自己的专业水平，在店里以身作则，做好传帮带的作用，一直在"只有更好，没有最好"的工作理念的指引下做事。

孙 远

该生为2015级高级汽修2班学生，性格活泼开朗，在校期间尊敬师长，团结同学，积极参加班级的各项活动，多次获得奖学金，被评为"优秀学生干部"。该生目前就职于扬州成辉丰田4S店。在4S店工作期间，他注重多看多听，勤于观察，乐于学习，得到了领导和同事的一致认可。

（六）建筑工程学院

傅宇轩

该生为2011级高职道路与桥梁工程技术专业班学生，在校期间勤奋好学，思维敏捷，心地善良，热心助人，工作踏实负责，动手能力较强，有很好的团队协作精神和创新能力。目前就职于江苏省工程勘测研究院有限责任公司，担任总监代表一职。其参建的长江镇扬河段三期整治工程世业洲左汊潜坝工程获得"扬州市文明工地""江苏省文明工地"的荣誉；参建的常州市新孟河延伸拓浚工程监理I标获得"常州市文明工地""江苏省文明工地"的荣誉；参建的仪征市幸福河口段应急治理工程，在合同工期内保质保量顺利完成。

林 枫

该生为 2013 级高技工程造价专业 2 班的学生，在校期间担任班长职务，在他的带领下班级多次获得"文明宿舍""文明班级"的荣誉；该生学习成绩优异，并积极加入了党组织。在全国交通教育系统测量技能大赛上获得了个人第一名、团体一等奖。目前就职于南京市水利建筑检测中心有限公司，在单位担任技术负责人职务，参加过 2020 年南京市区级河道消险工程、宜兴市东岭水库建设、秦淮河汛期防护工程、长江八卦洲段泵站改建工程等项目的外业检测及内业试验、资料工作。

评价与巩固

表 4-1 企业对学生评价表

学生姓名			班级				
考核内容		考核要点			自我评分	班组评分	部门评分
职业道德与职业操守(20分)	组织纪律(8分)	遵守企业规章制度，从无违规现象，服从上级管理与安排(8分)					
		违规次数在2次以内，服从上级管理与安排(7分)					
		违规次数在3次以内，无严重违规现象，基本服从上级管理与安排(6分)					
	主动意识(6分)	具有责任心，工作积极主动，能出色地完成工作任务(6分)					
		有一定的责任心，工作较主动，能较好地完成工作任务(5分)					
		工作欠主动，需领导监督，才能完成工作任务(4分)					
	进取精神(6分)	积极上进，不满足于现有成绩，面对困难，能积极想办法解决，善于学习，进步较快(6分)					
		积极上进，面对困难，基本上能想办法解决，喜爱学习(5分)					
		安于现状，不思进取，面对困难，束手无策(4分)					
专业知识与专业技能(30分)	专业理论知识(10分)	专业理论扎实，熟知本岗位相关理论知识及部门工作程序(10分)					
		有较强的理论功底，熟悉部门日常工作程序(8分)					
		有一定的理论基础，对部门工作较为熟悉(7分)					
		缺乏理论知识，对部门工作了解不全面(6分)					
	操作规程(10分)	熟知本部门、本岗位工作程序，能严格按照操作规程，熟练、迅速、准确、及时地完成工作任务(10分)					
		熟知本部门、本岗位工作程序，能较严格按照操作规程，完成工作任务(8分)					
		熟悉本岗位工作程序，基本能够按要求完成日常工作(7分)					
		对本岗位工作程序不太熟悉，存在不能按操作规程完成工作任务的现象(6分)					

续表

考核内容		考核要点	自我评分	班组评分	部门评分
专业知识与专业技能（30分）	应变能力与服务意识（10分）	反应敏捷，具有较好的超前服务意识，能准确、及时地把握上级和客户的服务需求，提供相应服务，圆满解决问题（10分）			
		能较准确地把握上级和客户的服务需求，能够及时提供各项服务，能较妥善地解决问题（9分）			
		服务意识不强，在上级和客户的要求或同事的提醒下为上级和客户服务，发现问题，不能及时应对，但事后能较妥善地处理问题（7分）			
		服务意识差，常常需要客户和同事的提醒，服务不能准确到位，出现问题时不知所措（6分）			
团队精神与人际关系（15分）	团队精神（10分）	非常明确团队的工作目标和要达到的效果，在工作中能主动为同事提供帮助，协同完成工作任务（10分）			
		基本明确团队的工作目标和要达到的效果，能与他人配合完成工作任务（8分）			
		不明确团队的工作目标，和同事配合中存在一定的障碍，工作任务有时无法完成（6分）			
	人际关系（5分）	具备良好的人际交往技巧，与同事、上级建立和谐的合作关系，愉快相处，并能理解和与不同类型的人相处（5分）			
		与同事上级关系较好，偶尔出现矛盾，但能积极、热情地进行沟通，主动化解矛盾（4分）			
		与同事、上级关系一般，缺乏交往技巧，有时以自我为中心，偶尔还会引发冲突（3分）			
工作质量与工作态度（25分）	工作质量（10分）	工作效率高，能迅速完成上级交给的任务，多次受到客户的表扬（10分）			
		能较快地完成上级交给的工作任务，受到部门和同事的肯定和赞许（8分）			
		基本能在规定时间内完成上级交给的任务（7分）			
		工作拖沓，不能在规定的时间内完成工作任务（6分）			
	工作热情（10分）	热爱自己的工作，工作时精神饱满，工作非常积极、主动（10分）			
		热爱自己的工作，工作时态度认真，工作较主动（8分）			
		能安心工作，工作时态度较认真，但对工作欠主动，容易因自己情绪变化而影响工作热情（7分）			
		不安心工作，上班时态度不认真，对环境变化反应冷淡，得过且过（6分）			

续表

考核内容		考核要点	自我评分	班组评分	部门评分
工作质量与工作态度(25分)	创新意识(5分)	思路开阔,对部门工作方式、方法的改进有较大的贡献(5分)			
		能够发现工作中存在的漏洞,能够提出可行的改进方案(4分)			
		能够发现工作中存在的问题,但不能提出可行的改进方案(3分)			
		不能发现工作中存在的问题,一切按既有的工作方法去做(2分)			
劳动纪律与礼貌礼仪(10分)	劳动纪律(5分)	服从管理,以身作则,按时出勤,从无迟到、早退现象(5分)			
		服从管理,能按时出勤,偶见迟到、早退现象(4分)			
		基本服从管理,基本能按时出勤,但时有迟到、早退现象(3分)			
	礼貌礼仪(5分)	形象得体,严格按企业仪容仪表规定着装,礼貌待人,无不良习惯和行为,言谈举止符合规范(5分)			
		形象较得体,较注意自身仪容仪表,礼貌待人,在工作场所无不良习惯和行为(4分)			
		对仪容仪表不重视,礼貌用语不够,有时会出现不良习惯和行为(3分)			
评定总分			考核等级		

评语:

部门主管签字:

盖章:

注:评价等级与分值换算——优(85~100分),良(75~84分),中(60~74分),差(60分以下)。